KB189456

성서학자의 입장에서 본

노화 그리고 죽음

조 광 호 지음

드림북

노화 그리고 죽음

초판 1쇄 발행 2025년 05월 26일

지은이 조광호
펴낸이 민상기
편집장 이숙희
편집자 민경훈

펴낸곳 도서출판 드림북

인쇄 예림인쇄
제책 예림바운딩
총판 하늘유통

·**등록번호** 제 65 호 **등록일자** 2002. 11. 25.
·경기도 양주시 광적면 부흥로 847 경기벤처센터 220호
·Tel (031)829-7722, Fax(031)829-7723

차 례

들어가며

    필자의 초등학교 시절(1960년대 후반), 학생을 수용할 교실이 부족해서 오전·오후 2교대로 수업이 진행되었다. 오후반 수업이 있던 주는, 왠지 모르게 맥이 풀린 듯한 기분 속에 시간이 갔던 느낌이 지금도 생생하다. 일찍 도착한 날, 운동장이나 교실 건물 처마 아래에서 놀면서 1부 수업이 끝나기를 기다렸다. 종이 울릴 때가 가까워지면 아이들은 출입구 쪽으로 몰렸다. 수업 끝난 학생들과 교실로 들어가려는 아이들이 엉켜 잠시 아수라장이 연출되곤 했는데 우리 모두는 그 상황을 즐겼다. 붐비고 소란스러웠지만 활력 넘치던 과거는 지금도 기억 속에 존재한다. 현재는 저출산, 고령화 현상으로 음울하고 부정적인 분위기가 우리를 지배하고 있다.

    오래전에 '은퇴·노화·죽음'에 관한 책을 쓰겠다고 마음먹었다. 하지만 좀 더 나이 먹은 뒤에 쓰는 게 좋겠다는 생각에 미루어 왔었다. 이제 때가 된 것 같다. 이 주제는 60대 중반에 접어든 필자와 직결되는 것인 동시에 우리 사회의 현안이기도 하다. 굳이 본서에 대한 추가적인 의미를 찾자면, 서울장신대학교 재직 중 출판되는 마지막 저술이란 사실이다.

마크 트웨인은 이렇게 말했다. "노년은 길다. 절대 일찍 시작할 필요가 없다."[1] 옳은 말이다. 하지만 우리는 어리석게도 "베이비붐 세대의 은퇴"니 "노후 빈곤" 등 언론이 떠드는 고령화 담론에 휘둘려 노년을 일찍 시작해 버렸다. 아뿔싸!

영국의 문호 셰익스피어는 4대 희극 중 하나인 『뜻대로 하세요』에서 나이 먹는 과정을 이렇게 묘사했다.[2]

"온 세상은 하나의 무대라네,
이 세상 남성과 여성은 그저 배우일 뿐이니
등장도 하고 퇴장도 하지.
…
인생을 7단계로 연기한다네. 첫 번째 단계는 어린애,
유모 품에 안겨 칭얼대며 토한다네.
…
여섯 번째 단계는
슬리퍼를 끄는 빼빼 마른 노인네로 바뀐다네.
콧잔등에 안경을 걸치고 허리에는 돈주머니를 찼지.
젊을 때 입었던 바지는 잘 아껴뒀지만
정강이가 줄어들어 헐렁헐렁
…
이 파란만장한 인생 사극을 끝내는 마지막 장면은

제2의 유년기이자 완전히 망령 난 단계이지.

이도 없고, 보이지도 않고, 입맛도 없고, 아무것도 없다네."

이 "망령 난" 노인네를 어떻게 할까? 이것이 본 책의 주제이다.

2025년 4월 1일

너른고을(廣州) 안골 연구실에서

조 광 호

P.S. 맨손으로 맞붙고 싶어 4장('성경이 말하는 죽음') 외에서는 가능한 '기독교'라는 성능 좋은 무기를 사용하지 않았다.

일러두기 / 약어표

- 별도 날자 표시가 없는 한 2025년 봄 시점으로 그리고 주제가 '노화·죽음'인 만큼 50~60대 관점으로 읽기를 바란다.
- 외국 사건·기사 언급·인용 시, 현지 시간으로 날짜를 표기했다.
- (인터넷판) 신문·TV, 유튜브 내용의 출처는 각주에 밝혔다(참고문헌에는 없음).
- 『 』은 책 제목을 뜻한다.
- 「 」은 (학술)잡지 제목을 뜻한다.
- 〈 〉은 (인터넷판) 신문, 계간지, (격)월간지, 주간지를 뜻한다. 과거 소책자, 논문 표시 용도로도 사용된다.
- 주간지·월간지·격월간지 내 기사나 일반 논문 제목에는 겹따옴표(" ")를 붙인다.
- 외국책 제목은 이탤릭체로 한다.
- 직임과 함께 사용되는 인명 뒤의 연도표시는 재임 기간을 뜻한다. 혼돈의 소지가 있는 경우, 재임이라고 표시한다. 사람 이름 뒤의 연도는 생몰(生歿) 시기를 나타낸다.

- 성경은 한글 개역개정판을 사용한다(기타 번역본은 별도 표시).

ed.　　　　= edited, 편집

f. 또는 ff. = (and) following(s), 이하(복수)

p. 또는 pp. = 쪽, 쪽(복수) [혼동될 우려가 있는 곳에서만 사용.]

P.S. = postscript, 추신

기타: 영어 외의 외국어(성경 원어 포함)는 이탤릭체로 표시한다.

1장
나이 듦

1. 고령화 현상

거대한 사회적 현상이나 핫이슈가 시차를 두고 나타났다 사라지곤 한다. IMF 경제위기가 수습되어 가던 2000년대 초 우리 사회에 부자 되기 열풍이 몰아닥쳤다. 당시 빨간 스웨터, 흰 털모자에 목도리를 두른 젊은 여성(김정은 분)이 눈이 쌓인 벌판에서 양팔을 벌리며

"여러분, 여러분, 모두 부~자~ 되세요! 꼭이요~~~"

이렇게 외치는 비씨카드 CF 광고가 인기를 끌었다. 곧이어 '10억 모으기' 구호가 신문 지면, 방송 매체, 출판물 등에 도배되다시피 등장했다. 전 국민이 곧 부자가 될 듯 들뜬 분위기가 한동안 지속되었다.

한국 사회는 1997년 외환 위기를 겪으면서 크게 변했다. 도전적인 기업가 정신이 사라지고 성장 중심의 경제 패러다임도 힘을 잃었다. 평생직장 개념이 무너졌고, 알짜 (공)기업이 외국 자본에 팔려나갔다. 금융/주식 시장이 개방되면서 외국 투자가들이 쉽게 우리 자산을 사고팔 수 있게 되었다. 2000년대 초반 중국의 국제무대 진출(2001년 중국의 세계무역기구WTO 가입)로 인한 특수(特需)에 힘입어 한국 경제는 호황을 누렸다. 그러다가 2008년 세계 금융위기가 닥쳤고, 2010년대 초부터 미·중 밀월 관계에 균열이 생기기 시작했다(빌 클린턴 정부가 추진한 '아시아로 이동'Pivot to Asia 전략).[3] 2017년 미

국·중국 간 무역전쟁이 발생하면서 두 나라 사이의 대립과 긴장 관계는 더욱 심해졌다. 2020년 코로나 팬데믹 사건 이후에 한국은 탈세계화로 인한 수출 시장의 축소, 자국에 생산 공장을 건설하라는 미국의 압박에 따른 기업 수익률 감소 등의 어려움을 겪고 있다. 안으로는 극심한 양극화, 높은 가계부채 비율로 인한 내수 경제의 약화, 소상공인들의 파산 등 여러 가지 구조적 문제에 포획된 상태이다. 최근 10여 년 사이에 한국의 대내외적 경제 여건이 악화되면서 좋은 일자리가 많이 사라졌다. 기업들은 과거처럼 대규모 공채를 하지 않고 수시로 조금씩, 그것도 경력직 중심으로 직원을 채용한다. 경제 형편이 여의치 않다 보니 젊은이들 사이에서는 결혼을 포기하거나, 혼인해도 아이를 낳지 않는 풍속이 유행하고 있다.

전후 탄생한 베이비붐 세대의 은퇴가 진행되고 있는 가운데 코로나19를 계기로 나타난 근로자들의 대량 자발적 퇴사—대사직 Great Resignation—현상이 겹치면서 사람들이 부쩍 '연금,' '고령화' 등의 주제에 관심을 쏟고 있다.[4] 은퇴 문제는 이제 전 지구적 과제가 되었다. 은퇴는 당사자뿐 아니라 배우자, 자식들에게도 중요한 사건임이 틀림없다. 특별히 은퇴를 앞둔 남편을 둔 여성들은 "남편은 두 배로 늘어나고 돈은 반으로 줄어드는"[5] 심각한 위기에 봉착했다고 하소연하고 있다.

한국에서 1955~1963년 사이에 태어난 1차 베이비붐 세대의 수는 705만 명에 달한다. 2차 베이비붐 세대(1964~1974년)는 이보다 훨씬 많은 954만 명이다. 두 세대가 전체 인구 중에서 가장 큰 비중을 차지한다(13.7% + 18.6% = 32.3%).[6] 65세 이상의 노인이 전체 인구의 14퍼센트 이상이면 고령사회, 20퍼센트를 넘으면 초고령사회로 분류한다. 서구의 경우 영국 50년, 덴마크 42년, 프랑스 29년, 이탈리아 20년, 네덜란드 17년 등 고령사회에서 초고령사회로 전환되는데 대략 20~40년의 기간이 소요되었다.[7] 일본은 이를 10년 만에(1994년 → 2004년) 달성해 세상을 놀라게 했다. 일본에 지기 싫어하는 한국은 그 기록을 무색하게 만들었다. 고령사회에서 초고령사회로의 전환을 7년 만에(2017년 8월 → 2024년 말) 이룩한 것이다(2024년 12월 23일 초고령사회 진입).[8] 이런 추세라면 노년층이 2040년에 34.3퍼센트를 차지하고 2060년에는 43.8퍼센트에 다다르게 된다.[9]

2023년 한국의 합계출산율은 0.72명으로, 23만 명의 아이가 태어났다.[10] 우리나라에서는 이미 인구피라미드 역전 현상이 발생하여 —내국인— 인구가 2021년부터 대략 10만 명씩 줄고 있다.[11] 2023년 기준으로 0~14세 유소년 인구는 전년비 4.1퍼센트 감소했고, 15~64세 인구는 0.4퍼센트 줄었다. 반면 고령인구는 5.1퍼센트 증가한 상태이다.[12]

아이들은 적게 태어나는 반면 앞서 출생한 세대는 오래 사는 탓에 세상은 온통 노인들로 넘쳐날 수밖에 없다. 200년 전 30~35세에 불과했던 평균 수명이 100년 전 기준 45~50세까지 늘었다. 한 세기 사이에 평균 수명이 대략 15년 증가한 셈이다. 현재는 그 속도가 더욱 빨라져 1년에 세 달꼴로 수명이 늘어나고 있다. 요즘 태어나는 아이 두 명 중 한 명은 100살까지 살 것이다.[13]

동양에서는 인생을 네 단계로 구분했다—열다섯까지 (어른이 되는) 봄, 서른까지 여름, 마흔다섯까지 가을, 마지막으로 예순까지 겨울.[14] 반면 서양은 3등분에 익숙하다—성장의 시기인 아동기(~30세), 활동의 시기인 성년기(30~60세) 그리고 퇴화의 시기인 노년기(61세~).[15] 20세기 들면서 여기에 없던 청소년기(제1중간기)가 추가되었고 최근에는 장수·고령화 영향으로 60~75세를 제2중간기로 구분하는 새로운 분류법이 광범위하게 수용되고 있다.[16]

오늘날 60~75세 연령층은, 젊다고 말할 수는 없지만 '노골적으로 노인 취급받기'를 원하지 않는 세대이다. 전후(戰後)에 태어난 덕분에 이들은 의료 지원, 교육 여건 등 여러 차원에서 이전 세대가 누리지 못했던 혜택을 받았다. 이 그룹에 속한 이들 가운데 다수가 현재 건강하고 활기차게 살아가며 경제적 풍요를 누리고 있다. 그들은 자녀 교육이라는 무거운 짐으로부터 해방되었고 부부간 보살피는 의무에도 비교적 자유로워진 상태이다.

좀 더 구체적으로 들여다보자. 미국 베이비 붐 세대들(1946~1964)의 재정 상황은 상당히 양호하다. 이들이 사회생활을 시작하고 결혼할 즈음 주택 경기가 활성화되었고, 오랜 기간의 경제 성장과 함께 주식 시장도 활황을 누렸다. 이 세대는 생애 주기에 따라 집을 샀고, 수입의 일부를 연금 저축(401K 연금)에 장기 투자한 상태에서 은퇴를 맞이했기 때문에 경제적으로 큰 문제가 없다. 현재 55세 이상의 미국인이 전체 가구 자산의 70퍼센트에 이르는 114조 달러를 소유하고 있으며 전체 주식 시장 40조 달러 중 31조 달러를 보유하고 있다. 이들 중 66퍼센트는 40대 때부터 자가(自家)

로 살고 있다. 반면 밀레니얼 세대(1981~1996)는 61퍼센트만 자가이다. 젊은 세대보다 윗세대가 경제적으로 풍요롭다. 현재—특히 미국의 경우— 많은 베이비 붐 세대들이 골프, 파티, 심지어 스카이다이빙까지 도전하는 등 자유롭고 적극적인 삶을 즐기며 살아가고 있다.[17]

"생산 활동에서 은퇴하거나 사회적 지위와 역할이 줄고 상실한 자" 또는 "신체·심리·사회적 측면에서 노화가 가속화돼 노쇠 과정에 들어간 사람"을 흔히 노인이라고 부른다.[18] 건강·심리·경제적 측면에서 볼 때, 제2중간기에 속하는 사람들은 더 이상 노인이 아니다. 긍정적인 마인드, 활기찬 태도, 적극적인 자세로 사회생활을 지속하는 '수퍼 에이지', '욜드'(YOLD, Young Old) 또는 '능동적 시니어'(Active senior)라는 표현이 이들을 칭하는 용어로 사용되고 있다. 이들은 건강과 자신감 그리고 지금까지 관리하고 쌓아 온 인적 자산과 캐리어를 기반으로, '완성기'라고 부를 수 있는 인생의 세 번째 시기(인생3막)를 활기차게 살아가고 있다. 덕분에 '신중년'이라는 신조어까지 등장했다.[19]

국제미용성형외과학회 데이터에 기초해 미국 '인사이더 몽키'가 2024년 1월에 발표한 자료에 따르면 세계에서 성형 수술 횟수가 가장 많은 나라는 한국이다. 대한민국의 2018년 기준 성형시장 규모는 107억 달러에 이른다. 특히 19~29세 여성의 25퍼센트가 성형 수술을 받은 것으로 나타났다.[20] 미국의 성형 시장 규모도 결코 작지 않다. 2008년에 약 1천만 건의 성형 수술이 시행되었다(118억 달러). 그중 54~61세에 해당하는 사람들이 전체 수술 받은 환자 가운데 4분의 1에 해당한다.[21] 젊게 살고 싶은 신중년들의 욕구가 미국 성형 시장에도 반영되고 있는 셈이다. 화장품과 미용 부분의 세계 시장 규모는 2010년대 초 기준으로 대략 570억 달러로 추산된다. 그중에서 안티에이징 제품과 다운에이징 시술 시장의 성장세는 경이로울 정도이다.[22]

중·장년층이 과거에 비해 젊고 활기차게 살아가고 있지만, 그렇다고 그들이 과연 나이를 완전히 의식하지 않을 수 있을까? 한편에서는 "나이는 숫자에 불과한 것이다"라는 광고 카피처럼 대수롭지 않게 여긴다. 다른 한편에서 "나이는 속을 수 없다"고 읊조린다. 1981년 세계 최초로 '철학 실천'이라는 단체를 창설했고, 2002년부터는 '철학 실천과 경제 아카데미' 학장으로 활동하고 있는 독일 철학자 게르트 아헨바흐는 1867년에 출판된 『독일 속담-사전』을 인용하면서, 과거 사람들은 '나이 들었다고 느끼는 만큼 나이 든다'는 식으로 사고하지 않았음을 우리에게 환기시킨다.[23] 무려 5권의 방대한 양으로 편집된 『독일 속담-사전』을 뒤져 찾아낸 522개의 관련 속담에서 그와 같은 내용을 발견할 수 없다고 아헨바흐는 강조한다. '나이는 숫자에 불과하다'는 인식은 현대적 산물이다.[24] 발전된 의학·의료 기술이나 과학의 힘에 기대어 생물학적 한계까지도 뛰어넘을 수 있다는 의식과 생각이 최근 사람들에게 광범하게 전파되었음을 반증하는 내용이다.

제2중간기(60~75세)에는 어느 정도 사회생활 참여가 가능하지만 85세 이상에 이르면 상황이 달라진다. 신체 능력 저하에 따른 타인에 대한 육체적·심리적 의존도가 상승하는 현상 외에도 기억력

및 판단력이 떨어지면서 노화의 어두운 면모가 두드러지게 나타
난다. 이 나이의 노인들은 점차 행복감보다는 부정적인 감정에 사
로잡힐 가능성이 높아진다.[25] 80세 전후를 기점으로 '이전'과 '이
후'가 확연한 차이를 보인다는 사실을 유념할 필요가 있다.

노인 세대의 경제적 양극화 현상도 고령화와 관련된 주요 주제
중 하나이다. '수퍼 에이지', '욜드', '능동적 시니어' 또는 '신중년'
이라는 신조어까지 등장할 정도로 경제적 풍요를 누리는 부류가
있는가 하면, 빈곤에 시달리는 노인층도 존재한다.[26] 특별히 한
국은 노인빈곤율로 유명한 나라이다. 우리는 경제협력개발기구
(OECD) 회원국 중 노인빈곤율 1위라는 기록을 2009년 이래 계속
보유하고 있다. 경제협력개발기구가 공개한 자료('한눈에 보는 연금
2023')에 따르면 2020년 기준으로 한국의 66세 이상 노인의 소득빈
곤율은 40.4퍼센트에 달한다. 경제협력개발기구 평균이 14.2퍼
센트이므로 그에 비해 2.8배나 높은 셈이다. OECD 회원국 중에
서 40퍼센트대 국가는 한국이 유일하다. 더 큰 문제는 고령일수
록 빈곤율이 높다는 데 있다. 66세~75세의 소득빈곤율은 31.4퍼
센트인 반면, 76세 이상은 52.0퍼센트에 달한다.[27] 사회보장행정
데이터 분석에 따르면 65세 이상 노인 인구 중 63.1퍼센트는 —시
장소득 기준으로— 중위소득 50퍼센트 아래 있는 것으로 나타났
다. 노인 인구 중 63.1퍼센트가 '빈곤노인'이라는 의미이다. 연금
을 포함한 빈곤노인의 연평균 가처분소득은 804만 원이다(월평균
67만 원). 이것은 한국 전체 평균 1719만 원의 50퍼센트에도 못 미
치는 액수이다.[28]

한국의 노인빈곤율이 높은 주요 원인 중 하나는 현 고령세대가 자신의 미래 삶을 염두에 두지 않고 자녀들을 위해 모든 것을 희생했기 때문이다. 자녀의 교육, 결혼 비용 지원 더 나아가 사업 자금까지 자신이 가진 모두를 자녀에게 쏟아붓다시피 한 결과, 노후 대비 자금 부족 현상을 겪게 되었다. 서양에 비해 연금 제도가 늦게 도입된 것도 높은 노인빈곤율의 원인 중 하나로 지목될 수 있다. 미국의 경우 19세기 말에 불완전하나마 퇴직연금제도가 도입되었다. 대공황 시기인 1935년에 사회보장법이 통과되면서 미 정부는 유럽과 보조를 맞추어 국민연금 제도를 정착시켰다.[29]

연금의 역사가 길다 보니 미국인들은 오랜 기간 저축한다는 지세로 연금을 붓는다. 자산운영사 피델리티의 자료에 따르면 2024년 1분기 퇴직연금 401K 저축 잔액이 100만 달러가 넘는 사람 수가 48만 5000명에 달했다. 이는 역대 최대 기록이다. 100만 달러 연금계좌 보유자는 1년 전과 비교해서 43퍼센트나 늘었다. 이들은 평균 26년간, 소득의 17퍼센트를 꾸준히 저축해 왔다. 미국 퇴직연금은 전체 자산의 70퍼센트가량을 주식에 투자한다. 미국 주식은 장기간 우상향하며 전 세계 투자금이 몰리는 우량 자산이다. 2023~2024년 두 해에 미국 대표 증시 지수인 S&P 500이 53퍼센트 상승했다.[30] 퇴직연금 평균 수익률이 높을 수밖에 없다. 보수적으로 잡아도 S&P 500은 연평균 수익률 6~8퍼센트를 꾸준히 유지해 왔다. 반면 한국 퇴직연금의 연평균 수익률은 지난 10년간 1.93퍼센트에 불과했다. 국민연금의 경우 평균 가입기간 10년 이내가 전체 가입자의 24.4퍼센트에 달하며 10~20년도 절반을 넘지 않는다(49.3%). 전체 평균 가입 기간은 19.2년이다. 가입 기간이 상대적으로 짧고 수익률도 낮다 보니 수령액이 작을 수밖에 없다.

최근 한국의 고령층 취·창업 비중이 증가하고 있는데, 이는 높은 노인빈곤율과 밀접한 관련이 있다. 중소벤처 기업부와 통계청에 따르면 2024년 1월부터 7월까지 월평균 60세 이상 취업자 수는 639만 9000명으로 전체 취업자의 22.4퍼센트를 차지한 것으로 집계되었다. 같은 조건의 60살 이상 취업자 비중이 2021년에는 19.5퍼센트, 2022년에는 20.4퍼센트, 2023년에는 21.6퍼센트로 상향 추세를 보이고 있다. 40년 전인 1984년 60세 이상 취업자 비중이 5.4퍼센트에 불과했던 수치와 비교하면, 당시 대비 4배나 많은 고령 인구가 일하고 있는 셈이다. 그 가운데는 활기찬 삶을 위해, 자아를 실현하기 위해 또는 시간을 의미 있게 보내기 위해 일하는 이들도 있겠으나 다수는 생계를 위해 일손을 놓을 수 없는 상황일 것으로 짐작할 수 있다.[31] 2024년 1월~5월 사이 창업기업의 수는 47만 6000개로 전년 대비 1.8퍼센트 줄었으나 60살 이상 창업은 9.0퍼센트 증가했다. 고령층이 정년 이후에도 경제적 문제를 해결하기 위해 단기/임시 일자리를 찾는 데 그치지 않고, 창업하는 사례까지 늘고 있는 현실이 통계에 반영되는 것이다.

55세에서 75세까지의 한국인 10명 중 7명은 계속 일하기를 원하고 있다. 통계청 자료에[32] 따르면 2024년 5월 기준으로 55세~75세 고령층 인구는 1598만 3000명으로 전년 동월비 50만 2000명 증가했다. 이 중 69.4퍼센트가 일하고 싶다는 의사를 피력했고 평균 73.3세까지 일하겠다는 뜻을 비쳤다. 근로 희망 이유로 '

생활비 보탬'이 55.0퍼센트로 1위를 차지했고, '일하는 즐거움'이 35.8퍼센트로 2위였다. 그밖에 무료해서(4.2%), 사회가 필요로 해서(2.7%), 건강 유지(2.2%) 등 다양한 이유를 언급했다. 고령자 하위 계층은 1인가구 최저생계비 209만 원(2025년 최저임금 시급 10,300원 기준)의 절반에도 못 미치는 연금을 받고 있다. 고령 인구 전체 중 51.2퍼센트가 지난 1년간 월평균 82만원의 연금을 수령한 것으로 나타났다(남자 106만원, 여자 57만원).

고령이 되면 병원 찾을 일이 많아진다. 점차 운전도 힘들어지므로 병원 가까운 곳, 교통 인프라가 잘 갖춰진 곳 그리고 외로움을 달랠 수 있는 연고지를 거주지로 택해아 한다. 자식이나 의지할 친척이 주변에 살고 있다면 금상첨화일 것이다. 인구 감소 현상이 나타나는 지역에서는 은행, 우체국, 병원, 약국, 마트, 이발소·미장원 등의 편의시설들이 차례로 사라질 것이다. 노인들 입장에서 그 지역은 살기 힘든 곳으로 분류될 수밖에 없다. 한국농촌경제연구원(KREI)의 연구에 따르면 지역의 인구가 3천 명 이하가 되면 병원·약국 등 의료시설이 사라지고, 2천 명 이하일 때 식당·미용실·세탁소 등 의식주와 밀접한 시설들이 없어진다. 인구가 1100명대로 줄면 주유소도 수지를 맞출 수 없어 폐업이 불가피하다.[33]

한국은 이미 지방소멸 경고등이 켜진 상태이다. 1990년대 초 경남에서 가장 큰 도시였던 마산에서(인구 50만 명) 30년이 지나는 사이 14만 명의 인구 유출 현상이 발생했다. 매출 감소를 견디다 못한 롯데백화점 마산점이 작년 6월 문을 닫았다. 지역경제를 지탱해 줄 청장년 소비층이 사라지면서 상권 몰락으로 그 외 많은 업소가 어려움을 겪고 있다.[34] 광주, 여수, 목포, 순천 등 호남 지역에서도 2024년 1분기에 청년층 중심으로 8천 명의 인구가 빠져나갔다. 취업과 진학 등의 이유로 젊은이들이 수도권으로 주거지를 옮긴 탓인데 해당 지자체의 여러 가지 대책 마련에도 불구하고 추세를 바꾸기는 힘들어 보인다. 초고령사회 도래와 청년인구 유출 현상이 겹치면서 지방에서 느끼는 지역소멸 위기감은 날로 커지고 있다.[35] 특히 고령층은 주거지역에 대한 세심한 고려가 필요하다. 거동이 불편해졌을 경우 타인의 도움이 필요하므로 어떤 식의 보살핌을 받을 수 있을지에 대해서도 미리 생각하고 준비해 둬야 한다.

고령화와 관련해서 장례 이야기도 빼놓을 수 없다. 1990년대 중반까지만 해도 집에서 장례를 치르는 경우가 72.2퍼센트였다.[36] 그 비율이 2001년에는 34.6퍼센트, 2005년에는 6.9퍼센트로 줄었다. 반면에 병원 영안실에서 장례를 치르는 경우는 1994년 22.6퍼센트에서 2001년 53.9퍼센트 그리고 2005년에는 68.8퍼센트로 급증했다. 전문 장례식장을 이용하는 비율은 2001년 5.6퍼센트에서 2005년 20.7퍼센트로 증가했다. 세상을 떠나는 자의 입장에서 생각해 보면, 가장 익숙한 자기 집이나 마지막으로 머물렀던 요양원 등에서 임종을 맞이하고 싶어 할 것이다. 병원 응급실에서 연명치료를 받다가 세상을 떠나는 방식이 아니라 집이나 요양원 임종실에서 가족과 함께 마지막을 보내다가 작별하는 방식이 일반화될 필요가 있다.[37] 이에 대해서는 뒤에서 자세히 다룰 것이다.

자신의 장례에 대해 구체적으로 계획을 세워 놓을 것을 권한다. 상주는 누구로 할지(보통은 직계가족의 남자), 3일장을 할 것인지 말 것인지, 입관이나 발인 의식은 어떻게 할지, —화장을 전제로—[38] 유골 처리는 어떻게 할지 등등. 최근 정부는 바다와 육지 일부 장소에 뼛가루(골분)를 뿌리는 산분장(散粉葬)을 합법화했다(1월 24일부터 시행). 육지 해안선에서 5킬로미터 떨어진 해양과 육지에서는 골분을 뿌릴 수 있는 시설이나 장소가 마련된 묘지, 화장·봉안 시설, 자연 장지에서 가능하다. 1961년 제정된 장사법에는 매장과 화장만 규정돼 있다가 2008년에 수목장 등 자연장(自然葬)이 추가되었다.[39] 이번 시행령 개정을 통해 합법화된 산분장으로 장사의 폭이 늘어난 셈이다. 장례비용은 2015년 기준 평균 1380만 원이었으나 2024년에는 2000만 원으로 올랐다.[40] 1인 가구가 늘어나고 있는 현실과 배우자가 먼저 세상을 떠날 수 있는 경우까지 고려해서 미래 '나'의 장례에 누가 올 것인지, 내 장례를 책임지고 치러줄 사람은 '누구'일지 미리 대비하고 부탁해 놓아야 한다. 사망 당시 주위에 아무도 없다면 무연고 사망 처리된다.[41]

각종 언론 매체는 고령화 관련 이슈들을 기회가 있을 때마다 쏟아내고 있다. 앞에서 밝혔듯이 65세 이상의 노인이 전체 인구의 20퍼센트를 넘는 초고령사회 문턱에 들어선 우리로서는 '고령화'라는 주제에 관심을 가질 수밖에 없다. '은퇴', '노인빈곤', '재정 문제', '건강 관리', '노화 관련 질병', '주거 형태', '자녀와의 관계', '여가 생활', '보람차게 시간 보내는 방법' 그밖에 '웰다잉', '존엄사' 등에 이르기까지 다양한 소재의 글과 영상들이 마치 봇물 터진 듯

방송, 인터넷, 유튜브 등에 차고 넘친다. 고령화 현상의 핵심은 '노화'이다. 다음 장에서 살펴보자.

2. 노화

새벽의 여신 에오스는 바람기가 많았다. 필멸자(죽을 운명의 존재 '인간'을 의미) 티토노스를 유혹했고 그의 친구 가니메데스까지 꾀었다. 신들의 왕 제우스도 가니메데스에 음심을 품고 그를 납치했다. 연인을 빼앗긴 에오스는 제우스에게 티토노스를 영원히 살게 해달라고 간청했다. 미안한 마음에 제우스는 에오스의 청을 들어주었다. 그러나 에오스는 곧 후회했다. 세월이 지나면서 티토노스가 나이를 먹기 시작했기 때문이다. '영생'이 아니라 '영원한 젊음'을 달라고 청해야 했다. 노화가 심하게 진행됨에 따라 티토노스는 연인도 알아보지 못하고 끊임없이 중얼거리는 장애까지 얻었다. 에오스는 티토노스의 노쇠한 육체와 망가진 정신에 질린 나머지 그를 매미로 만들었다. 그리스인들은 여름철 매미 울음을 들으며 티토노스로 대표되는 노인들의 중얼거리는 소리라고 생각한다.[42]

영국 빅토리아 시대의 유명한 시인 중 한 사람인 앨프리드 로드 테니슨(1809~1892)은 〈티토노스〉라는 시를 통해 영원히 늙어가는 불행한 운명에 대해 애절하게 읊었다.

"백조도 여러 여름 뒤에는 죽는다.

나만 홀로 잔인한 불사의 운명 탓에 소진되어 간다.

그대 팔에 안겨 천천히 시들어간다.

여기 세상의 적막한 한끝에서,

백발의 그림자가 꿈처럼 배회하고

영원히 침묵하는 동녘의 공간,

넓게 펼쳐진 안개, 빛나는 아침의 궁전에."[43]

티토노스에게 그렇듯이 우리에게도 불멸은 저주이다(저주라고 필자는 생각한다!). 따라서 대책 없는 장수가 아니라 '건강하게 오래 사는 삶'을 꿈꿔야 한다.

청년들의 사전(辭典)에 '늙음'이란 단어는 없다. 그들에게 인생은 "무한히 긴 미래"이므로 끝이 보이지 않는다. 반면 얼마 남지 않은 연수를 의식하며 살아가는 노인들에게 인생은 "매우 짧았던 과거"이다. 주마등 스치며 지나가듯 과거 일들이 노년의 머리속에 떠오른다. 인생을 바라보는 시각이 이처럼 극명하게 갈린다. "나이를 먹지 않으면" "인생이 얼마나 짧은"지 모른다.[44] 청년들은 자기 안에 이미 노화된 자신이 존재한다는 사실을 알 리 없다.

붓다가 싯다르타 왕자 신분일 때 다음과 같은 사건이 발생했다. 갑갑한 궁궐을 빠져나온 첫 나들이에서 왕자는 백발에 이가 다 빠지고 주름투성이인 꼬부랑 노인을 만났다. 이런 모습을 처음 봤기에 왕자는 매우 놀랐다. 동행한 마부는 왕자에게 "사람이 늙어 노인이 되면 다 그렇게 된다"고 말했다. 그 말은 들은 왕자는 외쳤다.

"오, 불행이로다. 약하고 무지한 인간들은 젊음만이 가질 수 있는 자만심에 취하여 늙음을 보지 못하는구나. 어서 집으로 돌아가자. 놀이며 즐거움이 다 무슨 소용이란 말인가. 지금의 내 안에 미래의 노인이 살고 있도다."[45]

'내 안에 살고 있는 노인'이 나이 든 어느 즈음 밖으로 나올 것이다. '노화'란, 낮이 지나면 밤이 오듯이 '젊음' 다음에 찾아오는 자연스러운 현상이다. 명암의 교체와 같은 것이다. '젊은 나'의 다른 모습이다. 다만 처음 겪는 탓에 각자에게 당혹스럽게 느껴질 뿐이다. 전통사회에서 나이 든 노인은 깍듯한 예우와 대접을 받았다. 과거 노화는 자연스러운 것이고 나이 듦은 존경의 상징이었다. 하지만 젊음과 활력을 앞세우는 현대에서는 상황이 다르다. 60~75세를 '제2중간기'로 지칭하거나 '신중년'이라는 신조어까지 등장한 상황에서 노화는 낯선 것, 회피해야 하는 것으로 치부되었다.

75세 이상의 노인 열 명 중 한 명만이 노화 관련 질병에 걸리지 않는다고 한다. 거꾸로 말하면 일흔 중반 이상의 연배 가운데 열에 아홉은 신체 기능뿐 아니라 정신 상태도 불안정한 상태인 셈이다. [46] 생각하는 속도나 시·공간 인지능력은 20대부터 저하된다. 정신 능력은 20대 후반에 최고조에 도달한 뒤 점차 약화된다. 기억력은 보통 40대 전후에 급속히 감퇴한다. 충격을 전달하는 말초신경의 속도가 느려지기 때문이다. 지각 능력도 저하된다. 이러니 누가 나이 드는 것을 좋아하겠는가![47]

물론 반론도 존재한다. 셰리 윌리스 중심의 '시애틀 종단연구팀'

은 인지능력 검사에서 40~65살 때 본인의 최고치 성적이 나온다는 놀라운 사실을 밝혀냈다. 40여 년간의 연구 끝에 검증해 낸 결론이다. 즉 20대 이후 뇌세포는 상실 또는 퇴행의 과정을 거치면서 능력이 저하된다는 통념은 잘못된 것이다. 고차원적인 인지능력의 경우 남성은 50대 후반에, 여성은 60대에 절정에 달한다.[48] 뉴욕대학교에서 철학과 신경과학을 가르치는 데이비드 차머스 교수는 브리지 게임 실험을 통해, 젊은 선수들이 빠른 수행력 차원에서 우수한 기량을 펼치지만 게임의 본질인 수준 높은 문제 풀기에서는 나이 든 쪽이 더 좋은 성적을 거둔다는 사실을 알아냈다. 연륜을 통해 사회적 전문 지식이 축적된 결과 50~60대 숭년이 젊은이들보다 더 정확한 평가와 판단을 내릴 수 있는 것은 어쩌면 당연한 귀결일지 모른다.

　인류 역사를 되돌아보면 노익장을 과시한 인물들이 적지 않다. 로마 황제 아우구스투스는 76세로 운명하기 직전까지 일을 했다. 윈스턴 처칠은 제2차 세계대전이 끝난 후 총선에서 패배하여 총리직에서 내려왔으나 6년 뒤 총선에서 승리하여(1951년) 76세의 나이로 보수당 내각을 이끄는 기염을 토했다. 처칠은 1955년 4월, 80세가 될 때까지 수상직을 수행했다. 갈릴레오는 72세에 『새로운 두 과학』이라는 책을 집필했다. 미켈란젤로가 성 베드로 성당의 돔 설계에 참여할 때 나이는 72세였다. 과학자들은 보통 60대에 30~40대 대비 두 배나 많은 논문을 발표한다.[49] 이탈리아의 현악기 장인 안토니오 스트라디바리는 사망하기 1년 전인 1736년 90세의 나이에 세계적으로 유명한 바이올린 두 대, 하베네크와 문츠를 제작했다. 낭만주의 음악가 주세페 베르디는 73세와 80세에 각각 오페라 〈오텔로〉, 〈팔르타프〉를, 85세에 〈코러스와 오케스트라를 위한 4개의 종교곡〉을 완성했다. [50]

앞의 사례들은 건강하게 오래 살 경우 인간이 얼마나 위대한 일을 할 수 있는지 우리에게 보여준다. 그래서일까, 누구나 무병장수를 바란다. 흔히 '무병장수'의 방해꾼을 죽음 또는 노화라고 생각하기 쉽다. 엄격히 말하자면 인간은 필멸자 신세이고 노화도 피할 수 없으므로, 무병장수를 방해하는 적은 죽음도 노화도 아니다. 원흉은 '빠른 노화'이다. 노화가 천천히 진행된다면 병이나 죽음은 우리에게서 멀찌감치 물러나 있을 것이다. 생물학적 관점에서 볼 때, 생명체는 노화가 가속화되면서 병을 얻거나 쇠약해져서 사망에 이르기 때문이다.

니르 바르질라이 앨버트 아인슈타인대학 노화연구소장은 "노화는 우리를 죽음에 이르게 할 수 있는 심혈관 질환, 암, 치매 등을 일으키는 질환의 어머니 같은 존재"라고 정의했다. [51] 우리는 노화의 진행을 막을 수 없고 죽음도 피할 수 없다. 하지만 잘 관리한다면 노화가 더디 진행되게 만들 수 있다. 결과적으로 —상대적이긴 하지만— 죽음으로부터 멀리 떨어져 살아갈 수 있다. 각자 잘 나이 드는 법, 노화를 지연시키는 법을 배워야 한다. 누구도 나 대신 살거나, 나이 들어 줄 수는 없는 법이다.

미국과 일본 사람은 평균 41세에 '더 이상 젊지 않다'고 느끼는 반면 한국인은 52세에 이르러서야 이를 깨닫는다고 한다. [52] '젊다', '젊지 않다'는 판단은 개인적 심리 상태나 각국의 문화에 따라 크게 차이가 날 수밖에 없으므로 지극히 주관적인 평가인 셈이다.

'인간이 왜 늙고 죽는가'에 대한 이론은 크게 세 가지로 나누어진다. 하나는 세포 내 수리공장이 더 이상 기능을 못하기 때문이라는 주장이다. 고장 난 유전자를 대체할 새 유전자가 고갈되면서 노화와 죽음으로 이어진다는 설이다. 다른 하나는 늙어 죽도록 프로그래밍되어 있는 노화 유전자의 작동 탓이라는 주장이다. 마지막으로 외부에서 유입된 유해한 물질과 나쁜 환경 탓에 세포가 망가진다는 손상설이 있다.[53] 20세기 영국의 생물학자 피터 메더워는 생애 말년에 작동하는 유해한 유전자 돌연변이가 누적된 결과 노화가 촉진된다는 이론을 발표하여 많은 학자들로부터 공감을 얻었다.[54] 필자는 노화와 죽음을 설명하는 여러 설들 가운데 이 이론의 설득력이 가장 높다고 본다. 유전자는 자식을 남기기(생식) 전까지 세포가 손상되는 것을 막고자 노력한다. 그래야 건강한 후손을 얻을 수 있기 때문이다. 생식이 끝난 뒤에는 '재생산'이라는 소기의 목적을 달성했으므로 유전자는 세포가 손상되는 것에 신경을 쓰지 않는다. 그사이 유해한 환경, 활성산소, 거듭되는 복제로 인한 오류 등의 탓으로 세포 손상 현상이 발생하고 그 세포들이 체내 축적되면서 노화가 진행된다. 노화는 죽음이라는 종착지를 향해 질주하는 열차로 비유할 수 있다.[55]

모든 생물체는 노화를 피할 수 없다. 노화는 말 그대로 '가차 없이' 진행된다.[56] 엄밀한 의미에서 생물학적 차원의 노화는 일반적으로 생각하는 것보다 일찍 시작된다. 10세 즈음의 미국 청소년 사망률은 4000분의 1이다. 이것은 태어난 첫해에 비해 4분의 1로 줄어든 수치이다. 이후 12세까지 작은 폭으로 늘어나던 사망률이 12세부터 급속히 증가한다. 노화를 사망률과 연관시키면, 미국인은 10세 이후부터 노화 현상을 겪는다고 말할 수 있다.[57]

노년내과 의사 정희원은 노화가 30대부터 시작된다고 설명한다.[58] 차를 타다 보면 처음에는 잔고장이 나다가 결국 심하게 망가져 폐차하게 되듯이, 인체도 40대를 거쳐 50대에 이르면서 노화가 가속화되어 각종 성인병이 생기고 그러다 결국 몸이 사용될 수 없는 정도로 망가지는 지경에 이른다는 것이다. 코로 숨 쉬고 입으로 먹는 많은 양의 물질을 우리 몸이 처리한다. 일부는 흡수해서 축적하고 나머지는 배출한다. 오래 작동한 기관은 기능이 점점 떨어진다. 필터 역할을 하는 간이나 신장에 문제가 생기면서 체내 오염 물질이 증가한다. 뼈의 내부 구조는 점점 약해진다. 근육은 줄어들거나 탄력을 잃는다. 이런 과정이 '노화' 자체이다.[59]

외부·내부적 어떤 요인에 의해 유전자가 자극을 받거나 유전자에 변형이 발생하면 세포가 —미쳐서— 배아세포처럼 계속 분열하는 현상이 발생하는데 이것이 암이다. 암에 걸릴 확률은 나이가 들수록 높아진다. 구체적인 수치로 표현하면, 80세에 암으로 사망할 확률은 20세에 비해 200배 정도 높다.[60] 평상시에는 '유전자의 난동'을 억제하는 유전자의 기능에 의해 암이 발생하지 않는데, 세월이 지날수록 면역체계가 약해지면서 비정상적 유전자에 의해 휘둘리는 악성세포가 출현할 가능성이 커진다.[61]

런던에서 출생한 유대인 벤저민 곰퍼츠(1779~1865)는 수학에 뛰어난 재능을 보였다. 당시 유대인에게는 대학 입학이 허용되지 않았기 때문에 곰퍼츠는 처음에는 홈스쿨링, 나중에는 독학으로 공부했다.[62] 그는 보험 계리사라는 직업을 통해 생계를 해결했는데, 다양한 위험 관련 통계를 분석하여 보험료를 계산하는 일을 주로 담당했다. 생명보험의 경우, 정확한 사망률을 아는 것이 보험회사로서 무엇보다도 중요했다. 만일 사망률을 실제보다 높게 산정하면 보험료가 비싸질 것이다. 그 보험상품은 타사 대비 경쟁력이 떨어진다. 반면 실제보다 낮은 사망률에 근거한 보험상품이 출시되면 회사는 경영난에 처하게 된다. 싼 보험료 탓에 수입은 적지만, 실제 사망률은 높으므로 예상보다 많은 보험금이 지불되어야 하기 때문이다.

곰퍼츠는 연령별 사망자 수에 대한 통계를 꼼꼼히 분석하다가, 20세 이후 나이에 비례해 사망률이 기하급수적으로 늘어난다는 사실을 발견했다. 이 '곰퍼츠 법칙'은 사람의 사망률이 두 배가 되는 기간을 약 8년이라고 제시한다.[63] 미국의 2008년 통계에 따르면 20대 초반 사망률이 0.5퍼센트이다.[64] 곰퍼츠의 계산에 의하면 이들이 8년 후, 즉 28세가 되었을 때 사망률은 1퍼센트이고, 36세 때 사망률은 2퍼센트로 높아진다. 여기서 '사망률 배가 기간'(MRDT, Mortality Rate Doubling Time)이라는 용어가 생겨났는데, 개는 MRDT가 약 3년이고 실험용 쥐는 약 4개월이다.

사망률 배가 기간(MRDT)을 달리 표현하면 노화 속도라고 할 수 있다. 종마다 노화가 배가되는 기간이 일정하다는 사실은 매우 흥미롭다. 인간의 경우 노화 속도는 8년마다 배가되는 식으로 불변이지만, 수명은 특별히 20세기 이후 엄청나게 증가했다. 1800

년대 초 인류의 평균 기대 수명은 40세 정도였다. 당시 태어난 아이 중 절반이 5세 이전에 사망했다.[65] 1900년, 미국인의 평균 수명은 50세 미만이었다. 1930년대가 되자 60세 이상으로 증가했다.[66] 최근 괄목할 만한 기록이 한국에서 세워졌다. 한국인의 기대수명은 1970년 62.3세에서 2021년 83.6세로 늘었다.[67] 대략 50년 만에 평균 수명이 20세, 정확히 21.3세 증가한 사례는 인류 역사상 전무후무하다.

일정한 노화 속도에도 불구하고 기대 수명이 증가한 이유는 무엇일까? 우선 유아와 산모의 사망률이 감소했다는 사실을 들 수 있다. 상·하수도 시설 도입, 위생 개념 향상, 보건학 발달, 항생제 발명, 표준 예방접종 시스템 도입, 산부인과 관련 수술 기술의 발전 등으로 산모와 영아 사망률이 급속히 낮아졌다. 세계보건기구(WHO)의 보도자료에 따르면 지난 50년간 백신 접종으로 1억 100만 명의 유아가 생명을 건졌다. 그 기간 중 사망률도 40퍼센트나 감소했다.[68] 하지만 현재(2023년 기준)도 개별 국가의 생활·의료 수준에 따라 유아사망률이 크게 차이 난다. '1000명 당 몇 명이 사망하느냐'로 사망률을 계산하는데 세계 평균이 28.0명이다. 미국의 경우는 5.1명이다. 유아사망률이 제일 높은 나라는 아프가니스탄으로 103.1명이고 그다음이 소말리아(85.1명), 중앙아프리카공화국(81.7명) 순이다.[69]

생활 수준이 높아지면 유아뿐 아니라 상대적 약자인 노인의 건강 상태도 향상된다. 따라서 기대 수명이 전반적으로 증가한다.[70] 지난 200년간 인류의 소득은 9배 늘었다. 이에 비례해서 기대 수명이 2배 이상 증가했다. 1995~2005년, 10년 사이에 전체 인류의 칼로리 섭취가 3분의 1이 늘면서 유아사망률은 3분의 1 줄었고, 기대 수명은 3분의 1 늘었다. [71]

'곰퍼츠의 법칙'에 따르면 사망률 배가 기간(MRDT), 즉 노화 속도는 일정하다(8년마다 두 배). 노화는 과거나 지금이나 여전히 같은 속도로 진행되고 있는 셈이다. 젊게 보이고 싶은 욕구가 일반화되고 경제적으로 여유 있는 중·장년층이 많아지다 보니 안티-에이징 기술이나 노인 의학이 눈부시게 발전했다. 그 결과 현재 고령 인구는 과거 어느 때보다 건강하고 활력 넘치는 삶을 향유하고 있다. 나이를 먹었음에도 불구하고 젊어 보이고 활기차게 오래 살 수 있는 많은 방법이 활발하게 개발되고 있는 중이다.

장수에 유전자가 30퍼센트 내외의 영향력을 행사한다는 것이 정설이다. [72] 쌍둥이는 집에서 함께 자란다. 일란성 쌍둥이의 경우에 유전자, 환경이 모두 같다. 한쪽이 알츠하이머병 진단을 받고 그 병이 본격적으로 시작되더라도 다른 쪽은 몇 년 후에 아니면 아예 발병하지 않을 수도 있다. 따라서 유전자에 의한 결정론에 사로잡힐 필요는 없다. 쌍둥이(일란성, 이란성 모두 포함) 한쪽이 60세 이전에 죽을 경우 다른 쪽 수명에 어떤 영향도 미치지 않는다. 즉 60세 이전의 죽음은 유전자와 상관이 없는 셈이다. 다만 60세가 넘으면 쌍둥이들의 수명이 비슷하게 수렴되는 경향을 보인다. 나이를 먹을수록 공유된 유전자의 역할이 증가한다고 봐야 한다. 수명 또는 노화를 좌우하는 요인 중 유전자 역할이 그렇게 크지 않다는 사실은 많은 이들에게 희망의 빛 역할을 한다. 후천적 요인의 중요성, 그러니까 누구나 열심히 노력하면 노화를 예방하고 오래 살 수 있다는 의미가 내포되어 있기 때문이다.

배아 상태의 세포는 대략 50차례 분열이 끝나면 더 이상 증식을 하지 않는다. 나선 모양의 염색체 끝에 있는 DNA 조각 '텔로미어'는 세포가 분열할 때마다 효소에 의해 조금씩 잘려 나가는데, 텔로미어가 모두 소진되면 세포는 더 이상 분열하지 않는다. 그런 세포는 재생력을 잃고, 그 세포가 속한 기관은 노화되기 시작한다. 여기서 '세포 분열을 막는 방법을 알아낸다면 노화를 저지할 수 있지 않을까' 하는 논리가 성립될 수 있다. 하지만 연구를 진행할수록 과학자들은 문제가 훨씬 복잡하다는 사실을 깨닫기 시작했다. 세포에 따라서 자기 복제를 하는데 죽지 않기도 하고, 배아 상태를 계속 유지하는 세포도 새로 발견되었기 때문이다.[73] 근육의 경우도 충분히 성장하고 나면 더 이상 분열하지 않는다. 하지만 이런 상태를 두고서도 '이제 노화가 시작되었다'고 말하기는 힘들다고 한다.[74] 단순한 분열 여부가 노화 판단의 기준이 되기에는 부적절하다는 것이 중론이다. 암세포는 죽지 않고 계속 분열한다. 텔로미어가 짧아지는 현상을 방해하는 효소 '텔로머라제'를 암세포가 갖고 있기 때문이다. 따라서 이 효소를 잘 연구하면 노화를 막을 수 있는 획기적인 방법이 개발될 수 있을 것이란 아이디어는 이론상 옳다.[75]

세포 안에 다량으로 존재하는 미토콘드리아도 노화에 큰 영향을 끼친다. 세포가 활동하기 위해서는 미토콘드리아가 영양분(아미노산, 지방, 탄수화물)을 태워 만든 연료인 아데노신삼인산(ATP)이 필요하다. 미토콘드리아가 연료를 생산하는 과정 중에 탄수화물은 이산화탄소, 수증기 그리고 프리라디칼로 변한다. 신체에 공급할 연료가 많이 필요해 미토콘드리아가 격렬하게 작업할수록 프리라디칼이 많이 생성된다. 프리라디칼은 짝을 짓지 않은 활성산소를 갖고 있어 불안정하고 반응성이 큰데, 다른 분자와 만나면 활발하게 반응한다. 그것은 또한 연쇄반응을 촉진한다. 쉽게 말해서 미토콘드리아가 무리하게 작업하는 과정에서 프리라디칼이 발생한다. 이 프리라디칼이 정상 분자를 공격하면 정상 분자 역시 프리라디칼로 변하고, 그 프리라디칼은 다른 분자를 공격하고 … 이런 식의 연쇄반응이 일어난다. 그 결과 세포막의 투과성이 떨어지면서 다른 세포들과 반응을 제대로 할 수 없게 된다. 마치 기계에 녹이 슬면 기능이 감소하는 것처럼.

운동이나 고된 노동 등, 신체가 격렬하게 움직일 때 미토콘드리아는 프리라디칼을 더 많이 만들어 낸다. 대량 생산된 프리라디칼은 산화스트레스 역할을 하면서 세포를 급속히 노화시킨다. 나이가 들면 세포 내 미토콘드리아도 노화된다. 결과적으로 충분한 에너지 생산이 불가능해지는데, 이 또한 세포의 노화 촉진에 기여한다. 소위 '노화의 선순환'이 발생하는 셈이다.[76] 프리라디칼은 미토콘드리아 자체를 공격하기도 한다. 미토콘드리아의 DNA가 변형되거나 훼손되면 노화가 더 촉진된다. 노인 질병의 일종인 고콜레스테롤혈증, 고혈압, 저마그네슘혈증은 미토콘드리아 DNA의 변형과 관련된 질병으로 밝혀지고 있다.[77]

생명 현상 중 하나인 산소호흡을 통해서도 신체에 녹이 슨다.

몸속으로 들어온 산소는 적혈구에 포함되어 있는 헤모글로빈을 통해 각 신체 조직으로 전달된다. 최종 목적지에 도착한 산소는 헤모글로빈에서 떨어져 나와 세포막을 통과해 세포 안으로 들어간다. 그리고는 미토콘드리아가 몸에 필요한 에너지를 만들기 위해 영양분을 태울 때 필요한 연료로 사용된다.[78] 미토콘드리아 안에서 분해된 산소 분자 중 소수가 물과 결합하지 못하는 경우가 발생하는데, 이때 산소는 다른 분자에 손상을 입히는 '자유산소라디칼'(='활성산소')로 변한다. 이 자유산소라디칼은 단독으로 존재하는 활성 전자를 갖고 있어 상태가 불안정한 데다 반응성이 커서, 미토콘드리아 내 분자의 전자와 원자를 쪼개는 산화 현상을 일으킨다. 이렇게 시작된 산화는 연쇄반응을 일으켜 더 많은 분자들이 손상을 입게 된다. 철이 공기 중 산소와 결합하면 녹이 슬 듯이(산화), 사람의 몸도 산소에 의해 산화되는 것이다. 이 산화 현상이 인류 질병의 90퍼센트와 관련이 있으며 노화를 일으키는 원인을 제공한다고 런던대학교 생물학과 명예교수 월퍼트는 설명한다.[79]

활성산소로 인해 미토콘드리아가 해를 받으면 에너지를 만드는 기능이 떨어진다. 이는 활성산소의 더 많은 양산으로 이어진다. 이런 식으로 나이가 들수록 미토콘드리아의 손상률은 올라간다. 활성산소는 더 나아가 체내를 돌아다니며 다른 세포들을 공격한다. 이에 따라 면역력이 떨어지면서 우리 몸은 당뇨병이나 암에 걸리기 쉬운 상태로 변한다. 유전자가 파괴될 경우 재생능력이 저하되어 관절염이나 백내장 등 퇴행성 질환에 시달리기도 한다.[80]

사람을 포함하여 오래 사는 포유류 몸에는 활성산소의 공격에 대비한 방어기제가 마련되어 있다. 항산화효소인 '슈퍼옥사이드 디스뮤타제'가 바로 그것이다. 우리 몸은 이 효소를 자체 생산해 활성산소로 인한 폐해를 예방한다. 문제는 나이가 들면서 면역체계가 약화되어 이 효소 분비가 줄어든다는 점이다. 불행 중 다행인 것은 우리가 섭취하는 비타민E, 비타민C, 베카가포틴, 셀레늄, 아연 등도 세포를 산화시키는 자유산소라디칼을 제거하는 역할을 한다는 사실이다.

과일과 채소에 들어있는 비타민은 항산화 역할뿐 아니라 질병 예방에도 뛰어난 효과를 발휘한다고 과학자들은 입을 모아 예찬하지만, 아직 확실하게 밝혀지지 않은 부분들이 많다. 과일과 채소는 산화 방지 역할을 하는 비타민 A, C, E 외에도 150종류가 넘은 화합물을 함유하고 있는데, 그 기능을 확실히 알기 위해서는 많은 연구가 선행되어야 한다.[81] 또한 과도한 항산화 물질 사용은 세포의 피로도를 오히려 높이는 것으로 밝혀졌다. 노화를 방지하거나 저지하는 방법이 현재 일부 공개된 셈이므로, 의료계나 제약회사들은 저마다 항산화 분야에 뛰어들어 연구와 기술·약품 개발에 매진하고 있다.[82]

생활 습관이나 먹는 음식을 통해서도 우리 몸은 산화된다. 음식이나 호흡 또는 피부를 통해 유입되는 오염물질들, 방사선, 햇빛에 의해 우리 몸의 노화는 가속화된다. 망막과 수정체가 산화 과정을 거치면 황반변성이나 백내장이라는 질병이 유발된다. 단백질이 뇌에 쌓여 뉴런의 연결을 막고, 뉴런이 손상됨으로 기억력이 손상되는 알츠하이머병도 산화 내지 염증 반응과 관련이 있다. 산화에 의해 연골 조직이 공격을 받으면 관절염이 생긴다. 이 모든 예들은 올바른 생활 습관 유지와 좋은 음식 섭취가 무엇보다도 중요하다는 사실을 우리에게 일깨워 준다. 의사에 따라서 노화 현상을 막기 위한 특정 항산화제 또는 면역강화제 복용을 강조하기도 한다. [83]

기계처럼 세포도, 과부하가 걸리거나 기능을 제대로 수행할 수 없는 상태가 되면 과열되거나 부식되어 결국 망가진다. 세포들은 단백질과 특정 효소를 생산하도록 만드는 화학적 신호를 주고받으며 서로 협업한다. 그런데 세포막에 때가 끼어 신호가 교란되면 세포는 단백질이나 특정 효소를 생산할 수 없게 된다. 한 세포의 기능 이상은 다른 세포에 영향을 미친다. 결과적으로 온몸이 늙게 되고 종국엔 사망에 이른다. 여기에 착안하여 소식(小食)으로 섭취 열량을 줄여 세포의 신진대사를 감소시키면 노화 속도를 줄일 수 있다는 어느 정도 근거 있는 논리가 탄생했다. [84]

신체가 스트레스를 받으면 자신을 보호하기 위해 아드레날린 등의 호르몬을 분비하면서 긴장 상태에 돌입한다. 산소와 영양분을 많이 공급하기 위해 혈압이 올라가고 맥박 수도 증가한다. 호흡도 빨라진다. 많은 산소가 사용되는 가운데 활성산소가 대량 발생한다. [85] 이 활성산소는 앞에서 설명했듯이 몸을 망가뜨리고 노화를 촉진하는 주범이다. 스트레스가 몸에 얼마나 나쁜지, '활성산소 발생' 하나만으로도 충분히 설명할 수 있다.

지금까지 활성산소에 대해 부정적인 방향 일변도로 이야기했다. 하지만 활성산소는 바이러스나 세균이 외부에서 침입했을 때

이들과 결합함으로써 전염성이나 발병력을 무력하게 만드는 역할을 수행한다. 그런 의미에서 활성산소는 없어서 안 되는 존재이다. 활성산소가 문제가 되는 이유는 때로 과도하게 생성되어 세포 내 미토콘드리아나 여러 기관의 주요 세포들을 망가뜨리기 때문이다.[86]

최근 의학 기술이 발달되면서 유전자 조작을 통한 노화 지연 방법 또는 그 가능성에 대한 연구 결과가 자주 소개되고 있다. 예를 들어 세포가 인슐린에 반응하지 않도록 만들면 —인슐린은 음식이 들어올 때 분비되므로— 몸은 음식이 들어오지 않았다고 판단하여, 에너지를 아끼는 비상 체제로 전환한다. 이런 식의 절전 모드는 결과적으로 수명을 연장시키는 역할을 한다(1933년 예쁜 꼬마선충에 실험하여 수명을 50퍼센트 이상 연장함).[87] 영국 캠브리지 대학의 오브리 드 그레이는 배아세포를 정기적으로 이식해서 필요한 세포는 재생시키고 불필요한 세포는 제거할 것을 제안했다. 또 미토콘드리아 DNA의 15개 유전자를 세포핵에 넣어 손상을 막자는 다소 과격한 주장까지 서슴지 않는다. 재력이 충분한 계층은 노화 방지를 위해 의학계가 내놓고 있는 묘안들에 대해 점차 진지하게 검토하거나 거금을 들여 구매하는 쪽으로 선회하고 있다. 죽은 후에는 아무리 재물이 많아도 무슨 소용이냐는 심정으로.

3. 노화지연

1) 장수

인간은 얼마나 오래 살 수 있을까? 최장수 기록은 1875년 2월에 태어나 122세까지 산 프랑스인 잔 루이즈 칼망이 세웠다. 그녀는 100세에도 자전거를 탈 정도로 건강했다고 한다. 두 번째 기록은 1907년 3월에 태어나 117세까지(2024년 8월 사망) 생존한 스페인의 마리아 브라냐스 모레라이다. 모레라의 경우 슬하에 3명의 자녀를 뒀다. 그녀는 2019년 바르셀로나 일간지 반과르디아와 인터뷰에서 장수 비결에 대해 "특별한 일을 하지 않았다"고 말했다. 자신이 한 유일한 일은 '그저 살아온 것'이라는 다소 심심한 답을 내놨다.[88] 작년 말(2024년 12월 29일) 세계 최고령 타이틀 소지자였던 일본인 이토오카 토미코가 116세로 유명을 달리했다. 이로써 최고령 영예는 이토오카보다 16일 늦게 태어난 브라질 수녀 카나바로 루카스에게로 넘어갔다.[89]

유엔 통계에 따르면 2023년 기준 전 세계인의 평균 기대수명은 73.2세이다.[90] 1950년 기대수명 46.4세보다 무려 27세가량 늘었다. 110세 이상 사는 사람을 '수퍼센티네리언'(Supercentenarian)이라고 부른다. 지금까지는 소수의 사람만이 오래 살았는데 앞으로는 과학과 의료 기술의 발달로 누구나 수퍼센티네리언에 도전할 수 있는 시대가 열리고 있다. 유엔은 전 세계 90세 이상의 인구가 2040년 4920만 명, 2070년 1억 4390만 명, 2100년 2억 5810만 명, 이렇게 급속히 증가할 것으로 예상한다.[91] 생명공학 쪽에서는 줄기세포를 기반으로 생산한 미니 장기 오가노이드(organoid)를 만들거나 동물 장기를 이식해서 치료하는 방법을 개발 중이다. 체내 성장 호르몬을 조절하는 방법도 있다. 50세가 넘으면 체내에 인슐린 유사 성장인자(IGF-1)가 적게 존재할수록 항노화에 도움이 된다. 제약사들은 이 호르몬 분비를 억제하는 약물 개발에 박차를 가하고 있다. 염증을 일으키는 단백질 인터루칸-11(IL-11)을 억제하면 쥐의 수명이 20퍼센트 정도 늘어난다는 사실이 밝혀졌다. 대학이나 제약사 부설 몇몇 연구소는 유전자 조작을 통해 인터루칸-11을 억제하는 방법 연구에 뛰어들었다. 이 밖에도 세포 내 젊음에 대한 정보를 백업해 둔 '옵서버'(Observer)라는 물질을 이용하여 역노화를 이끌어 내는 기술 연구도 진행되고 있다.

지난 100년 사이에 15세에서 30세 여성의 사망률이 90퍼센트나 감소했다. 출산 시 위생 문제에 관심을 기울이고 항생제 발명으로 박테리아 감염에 적절한 대응 수단을 갖춘 덕분이다. 같은 기간 60대의 사망률은 50퍼센트 줄었다. 이 또한 현대의학 발전에 힘입은 결과인데, 젊은 여성의 극적인 사망률 감소 비율과 비교하면 상대적으로 저조한 수치이다. 100년이나 200년 전과 비교할 때 획기적으로 변했던 기대수명 증가율이나 사망률 감소율이 최근 들어 낮아지고 있다. 수치 향상이 어느 정도 이루어졌기 때문에 예전 같은 극적 변화를 바라는 것은 지나친 태도이다. 마법과 같은 의술 효과나 장수나 항노화에 대한 과도한 기대도 자제되어야 마땅하다.

나이를 먹으면 심장에 손상이 발생한다. 암도 쉽게 걸린다.[92] 세포가 계속 분열해야 신체가 제 기능을 유지할 수 있는데, 여러 번 분열하는 과정에서 유전적 돌연변이 세포가 만들어질 수 있다. 이 암 세포가 계속 분열하면서 부가적으로 돌연변이를 일으키고 통제할 수 없을 정도로 재복제됨에 따라 인간 생명이 위협을 받게 되는 지경까지 이른다.[93] 노인의 세포는 많은 분열이 일어난 상태이다. 상대적으로 돌연변이 세포가 만들어질 가능성이 높다. 앞서 유사한 통계를 제시했듯이, 65세가 넘으면 젊은이에 비해 암에 걸릴 확률이 10배나 증가한다. 75세 이상의 노인 중 3분의 1이 암환자이다. 따라서 암은 종종 노인성 질환으로 분류된다.[94]

기적과 같은 의학 기술 덕분에 당장 암을 극복할 수 있다 하더라도 인간의 수명은 2년밖에 늘지 않는다. 심장병도 마찬가지다. 특효약이 나와서 사람들이 더 이상 심장병으로 죽지 않더라도 수명은 고작 3~4년 증가할 뿐이다.[95] 암의 경우도 현재 수술 후 생존율이 72퍼센트나 될 정도로 높기 때문에[96] 특별한 기술 개발로 암의 공포에서 벗어날지언정 수명은 기대한 것만큼 많이 늘지 않는다. 참고로 심장근육이 제대로 수축-이완되지 못하는 심부전증의 수술 후 1년 생존율은 50~70퍼센트, 2년 생존율은 30~50퍼센트임을 밝혀둔다.[97] 심장병과 암은 노인의 입장에서 볼 때 고령화의 부산물인 셈이다. 여생이 얼마 남지 않았기 때문에 획기적인 치료약이 개발되어 두 질병의 위협에서 벗어났다고 하더라도 사람/노인의 수명은 그렇게 증가하지 않는다. 그렇다면 과학의 발달이나 기술 개발에 대한 기대감에 근거하여 장수에 대해 과도한 낙관적 견해를 갖는 것을 잘못이라고 말할 수 있을까?

2000년에 인구학자 스튜어트 제이 올산스키와 진화생물학자 스티븐 어스태드는 '2150년 전까지 인간이 150세 이상 사는 기록을 세울 수 있을지'를 두고 5억 달러 내기를 걸었다. 지금까지 상승률로 미국 증시가 성장한다면 2150년에 5억 달러가 될 것이라는 전제하에, 두 사람이 건 판돈의 합 300달러로 주식을 샀다. 올산스키 박사는 생물학적 한계 때문에 노화 속도를 바꿀 수 없을 것으로 믿는다. 반면 어스태드 박사는 수십 년 안에 노화를 늦추는 약물이 개발될 것으로 확신하고 내기에 참여했다. 2150년에 150살 이상이 되려면 그 아이는 이미 태어났고 아마 현재 장난감을 갖고 놀고 있는 —여자가 오래 살기 때문에— 여자 아이일 거라고 어스태드는 추정한다.[98] 아무튼 인류가 150세 이상 살 수 있을지, 만약 현재 태어난 아이 중에서 그 기록을 세운다면 그가 과연 누굴지 생각하는 것만으로도 흥미롭다.

예로부터 사람들은 장수촌에 대해 큰 관심을 보여왔다. 코카서스 지방, 파키스탄 카람코람 산맥의 훈자 지역 그리고 북안데스 산맥의 남부 에콰도르와 그 주변(빌카밤바)에 장수 마을이 존재한다는 소문이 오랫동안 서구 사회에 회자되어 왔다. 하나같이 농업 지역이고 유아 사망률이 높은 곳이다. 현대 의학의 혜택을 받지 못하는 오지의 사람들이 오래 산다는 전언(傳言)에 호기심 많은 서양의 탐험가나 의료 관계자들이 찾아가서 실태를 조사하고 보고서를 내곤 했다. 세 곳 모두 나이에 관한 서류 기록이 존재하지 않거나, 있더라도 가족이나 친척 간에 같은 이름을 사용하는 전통 때문에 정확한 나이를 파악하기 어려웠다. 또한 그곳 사람들은 자랑삼아 나이를 부풀리려는 유혹에 사로잡혀 있어, "100살이 넘었다", "110살이다"라고 주장하는 말을 곧이곧대로 받아들일 수 없다는 실제적 문제도 존재했다.[99)]

일본의 최남단 섬 오키나와도 장수하는 사람들이 많다는 이유로 한때 유명세를 탔다. 미국 주간지 〈타임〉도 2004년 특집 기사를 통해 "100세까지 건강하게 살고 싶다면 오키나와를 배우라"고 호들갑을 떨 정도였다. 오키나와 주민들은 전통적으로 다양한 채소와 해산물·해조류 그리고 두부를 많이 섭취해 왔다. 위가 80퍼센트 차면 수저를 내려놓는 소식 습관도 장수에 큰 도움을 주었다. 농경 문화에 근거한 슬로우 라이프, 노년기에도 몸을 움직여 일하는 관습, 일종의 계모임인 '모아이'를 통해 5~6명의 또래 친구가 죽을 때까지 교제하는 삶, 가족과 이웃 간의 끈끈한 유대 관계와 우애가 넘치는 삶이 장수의 근본 이유였다. 하지만 1990년대 이후 패스트 푸드 등 서구식 식습관이 유행하고 전통 생활방식이 바뀜에 따라 이제는 장수촌이라는 명성이 무색할 정도로 오키나와에서 비만·당뇨병 환자 수가 늘고 있다.[100)]

장수를 위해서는 '무엇을 먹느냐'가 중요하다. 오키나와 전통식은 소위 말하는 '블루존' 식사에 해당한다. 이 용어는 2005년 내셔널 지오그래픽의 댄 뷰트너가 만든 개념으로, 1) 고기를 적게 먹는 식물 기반의 식사, 2) 단백질도 주로 식물에서 취하며, 3) 설탕은 최소한으로 섭취하고 당류는 과일 등 자연식품에서 얻으며, 4) 가공되지 않은 식품(whole food)을 섭취함으로써 미네랄과 식이섬

유 등을 충분히 공급하는 식사법을 일컫는다. [101]

전체 인구에서 생산가능인구(15~65세) 비율이 높은 나라는 젊은 이들이 많고 고령층 부담이 적기 때문에 경제 성장에 유리하므로 인구배당(demographic dividend) 효과를 누리게 된다. 고령층이 많다는 것은 그만큼 경제에 부담이 되기 마련이다. 하지만 고령층이 건강하고 활기찬 생활 영위가 가능하다면 기계적 나이 구분에 따른 '인구배당 효과'라는 잣대는 더 이상 유효하지 않을 수 있다. 마틴 엘리슨 옥스퍼드대 교수와 데이비드 싱클레어 하버드대 교수는 미국에서 기대 수명을 10년 연장하면 사회경제효과가 367조 달러에 달할 것이라고 밝혔다. 소위 '장수 배딩'(longevity dividend)으로 노인층이 활동적일 때 사회에 그만큼의 경제적 가치가 창출된다는 뜻이다. 앨버트 아인슈타인대학 노화연구소장 니르 바르질라이 교수는 100세 이상 생존한 사람들과 70대에 사망하는 사람들의 사망 직전 2년간 지출하는 의료비를 비교·분석했다(미 질병통제예방센터CDC 자료에 근거). 그 결과, 장수 군(群) 의료비 지출이 70대 사망 군(群)에 비해 3분의 1 수준에 불과하다는 놀라운 사실이 드러났다. 장수할수록 의료비 부담이 적다는 뜻이다. 사망 직전 1년 노인들의 의료비에 관한 일본의 나라(奈良)의과대학 통계도 [102] 유사한 내용을 담고 있다. 의료비 지출 중위값 기준으로 75~79세에 사망한 경우가 2만 8624달러인데 반해, 85~89세는 1만 9935달러, 95~99세는 1만 2366달러, 105~109세는 8321달러, 이런 식으로 고령일수록 의료비가 감소했다.

오래, 건강하게 살수록 의료비 지출은 줄어든다. 모두의 염원인 —건강/무병— 장수가 곧 국가나 사회의 부담인 것처럼 예단하는 태도는 잘못된 것이다. 베이비부머 세대는 사회적 경력, 자립 의지, 경제력 등 여러 면에서 월등한 조건을 갖추었으므로 장수와 안티에이징에 대해 관심이 많고, 자신을 위해 기꺼이 지갑을 열 준비가 되어 있다. 글로벌 컨설팅 업체 프라이스워터하우스쿠퍼스(PwC)에 따르면, 장수 관련 산업은 2020년 251억 달러에서 2030년 442억 달러로 성장할 것으로 예측된다. 수명 연장 기술 관련 대표적인 벤처 투자자인 세르게이 영 장수 비전 펀드 창립자는 10년 내 개발될 기술만 잘 활용해도 인간 수명을 120세까지 늘릴 수 있다고 말한다. 학자마다 편차가 존재하지만, 인간의 한계 수명은 대략 115~150년 정도로 추정된다.[103]

독일 베를린의 인플루언서 크리스티네 첼러(43세)는[104] 새벽 5시 30분에 일어나 30분 명상을 한다. 그리고 매일 돌아가면서 조깅, 웨이트 트레이닝 등 여러 가지 운동과 요가까지 곁들인다. 비타민 D, 오메가3, 콜라겐, 크레아틴 등 영양제를 한 움큼씩 복용하고, 아침은 셀러리, 브로콜리, 파프리카, 강황, 생강 등 여러 채소를 믹서기에 갈아 단백질 가루 몇 스푼을 추가로 넣어 마신다. 공복에 잼을 바른 빵을 먹는 것은 첼러에게 상상도 할 수 없는 행위다. 그렇게 하면 혈당이 급격히 상승하기 때문이다. 그녀는 매 끼니마다 자신의 근육을 위해 단백질 30g을 섭취하려 노력한다. 첼러는 통밀류, 과일, 채소, 견과류, 콩류 및 생선 위주의 식단을 택한다. 심혈관질환과 당뇨병 및 비만의 위험을 줄이고 뇌 노화 방지를 위한 방편이다. 분자생물학자들과 유전자학자들의 노화 메커니즘에 대한 이해가 깊어짐에 따라 무병장수를 위한 지침과 조언이 이렇게 전문 지식화되어 간다.

2) 운동

인간은 필멸의 존재이기에 노화를 피할 수 없다. 생활하거나 운동 중 세포 내에서 생성된 활성산소는 DNA에 치명적인 손상을 끼친다.[105] 그 피해가 누적되어 임계치를 넘기면 신체는 알츠하이머, 당뇨병, 심혈관질환, 암 등의 질병을 통해 죽음과 만나게 된다. 오늘날 '3대 질병'은 심장병, 암, 뇌졸중이다. 1900년 미국에서 폐렴, 독감, 결핵으로 죽는 사람 수가 오늘날 '3대 질병'으로 죽는 숫자보다 두 배 이상 많았다.[106]

현재 유럽인의 건강수명은 68세이고 기대수명은 78세이다. 한국인의 경우, 건강수명은 66.2세이고 기대수명은 83.6세이다.[107] 대부분 노인들은 마지막 10년 또는 그 이상의 기간 동안 병치레하다가 세상을 떠난다. 미국 스탠퍼드대학 의학박사 출신이며 텍사스에서 장수의학클리닉을 운영하는 피터 아티아 박사는 운동, 식단 및 수면 패턴과 건강보조식품, 약물치료 및 질병 조기 발견을 통해 기대수명은 10년, 건강수명은 20년 늘릴 수 있다고 자신 있게 말한다. 운동의 중요성에 대해서는 스티븐 어스태드(그는 인간이 150세를 이상 살 수 있다고 보고 5억 달러 내기를 건 학자임)의 견해를 참고하는 것 만으로 충분하다. 어스태드는 일반적으로 인정되고 있는 이론—음식의 양을 제한하면 노화를 늦출 수 있다는 견해—조차 인정하지 않을 정도로 학문적 엄격성을 견지하려고 노력한다. 그런 그가 건강하게 오래 살기 위해서는 규칙적인 운동이 필수라고 말할 정도로 운동은 중요하다.[108]

생각보다 노인들의 실제 운동량과 운동하는 비율은 높지 않다. 2010년대 초반 영국 기준으로 65~74세 노인 가운데 20퍼센트만, 75세 이상의 노인 중 7퍼센트만이 1주일에 5번, 하루에 30분 이상 운동을 한다.[109] 물론 ─앞서 설명한 바와 같이─ 크리스티네 첼러(40대 중반)처럼 최대한 오래 살면서 활력 넘치는 건강한 삶을 영위하겠다는 의지로 매 순간 열심히 살고자 애쓰는 사람도 적지 않다.[110] 첼러는 매일 아침 요일별로 조깅, 웨이트 트레이닝, 테니스, 요가 등의 운동을 번갈아 가며 하면서 몸을 단련한다. 그리고 하루 1만 3천 보를 걷는다. 30대 중반에 그녀는 고된 직장 생활과 자녀 육아로 많은 스트레스를 받았고 운동도 제대로 하지 못한 탓에 공황발작을 겪었고 결국 번아웃 진단을 받았다. 이래서는 안되겠다는 생각에 첼러는 건강에 관련된 책과 팟캐스트 등 여러 정보를 섭렵하기 시작했고, 요가부터 시작해서 운동 그리고 엄격한 음식 섭취를 체질화했다. 거의 10년이 지난 지금 첼러는 활기 넘치는 건강한 삶을 영위하고 있다.

첼러의 경우에서 보듯이 운동은 건강 유지에 필수적 요소다. 운동하면서 땀을 흘리면 기분이 상쾌해지는 경험을 누구나 했을 것이다. 운동을 통해 몸이 활성화되면서 각 세포에 더 많은 영양소가 공급되고, 산소도 많이 전달된다. 많은 혈액을 공급하느라 심장 근육도 열심히 움직여 단련되는 효과를 얻는다. 운동 중에 뇌

에서는 행복 호르몬인 세로토닌이 더 많이 분비된다. 근육도 부하가 걸리면서 더 강해진다.[111]

건강한 사람도 35세 이후 매년 4퍼센트 운동능력이 감소한다. 15년 후인 50세부터 75세까지는 이 비율이 좀 더 빨리 떨어지다가 75세 이후 급락한다. 반면에 전문 운동인의 운동 능력은 일반인처럼 급격하게 떨어지지는 않는다.[112] 그러므로 고령화에 대비해서 지금부터라도 꾸준히 운동해야 한다. 몸을 움직이고 땀을 내면 나이 불문하고 성장호르몬이 생성된다. 이 호르몬은 노화를 늦춰준다. 운동을 하면 근육에 모세 혈관이 새로 만들어지고 지방과 당이 운동에너지로 바뀌며 분해되기 때문에 비만 예방에 큰 도움이 된다.

걷기, 천천히 뛰기, 자전거 타기, 수영, 체조, 요가, 필라테스 등 각자의 나이와 체력에 맞는 적당한 운동을 택한 후 꾸준히 하다 보면 체력이 좋아질 뿐 아니라 잡생각이 사라지면서 스트레스를 제거하는 효과까지 덤으로 얻을 수 있다. 우리가 스트레스를 받으면 뇌 시상하부에서 신호가 발생되어 콩팥 위에 자리잡고 있는 내분비 기관, 부신에서 코르티솔이라는 호르몬 생성이 활성화된다. 코르티솔은 외부의 공격에 맞서 잘 싸우도록 우리 몸에 경각심을 불러일으키는 호르몬이다. 그런데 이 호르몬이 깨끗이 제거되지 않으면 오염 물질로 변해 시상하부에 부담을 준다. 그 결과 신진대사가 교란되어 면역이 약해질 수 있고 체내 유해한 바이러스나 박테리아를 깨어나게 만들 수도 있다. 운동을 통해 스트레스를 줄이면 코르티솔 생성이 억제되어 건강에 도움이 된다.[113]

요가 수행이나 명상/침묵 기도를 통해서도 스트레스를 감소시킬 수 있다. 한 10분 정도 조용히 앉아서 또는 공원을 산책하며 머리를 비우고 무념무상의 상태를 유지하는 것만으로 긴장과 스트레스의 수위를 낮출 수 있다. 두서너 달 계속하면 확실히 좋아진 상태를 확인할 수 있다. 아랫배로 깊이 숨을 들이마셨다 내쉬는 복식호흡을 병행하면 금상첨화다.

근육운동을 통해 근육이 커지는 것은 새로운 세포의 생성 때문이 아니라 세포 자체가 커지기 때문이다. 근육 장력은 20대 이후 매해 1퍼센트씩 약해진다. 근육의 힘이 빠지는 이유는 일부 근육세포가 죽고 각 세포의 수축 능력이 감소하기 때문이다.[114] 나이가 들면 근육량이 감소할 뿐 아니라 관절의 유연성도 저하되고 무엇보다도 균형감각 하락으로 낙상 위험이 증가한다. 65세 이상 가운데 절반은 매년 한 번 이상 넘어지거나 떨어지는 불상사를 겪는다.[115] 노인은 뼈가 약해져 있는 상태이기 때문에 낙상은 보통 고관절 수술로 이어지는 경우가 많다. 수술로 평소처럼 움직이지 못하면 근육 손실이 가속화된다. 수술 후 자리에서 일어나지 못하고 사망하는 고연령층의 사례가 적지 않은 까닭이 여기에 있다.[116] 80대 중반의 환자 500여 명을 대상으로 실시한 스페인 연구에서 고관절 수술 후 1년 이내에 사망할 위험은 23퍼센트로, 동일 연령대 사망 위험률의 두 배에 이른다. 이 연구 결과는 노인에게 낙상은 반드시 피해야 위험 요소임을 다시 한번 상기시킨다. 앞에서 언급했듯이 65세 이상 중에서 2분의 1은 1년에 한 번 일반적 낙상을, 3분의 1은 심한 낙상 사고를 겪는다. 그중 10퍼센트가

골절이나 중증의 부상으로 곤욕을 치른다. [117]

낙상을 막기 위해서는 근육량이 감소하지 않도록 신경을 써야한다. 나이 들면 근육이 가늘어지고 약해지는 근감소증이 진행되는 데, 일정 한계를 넘으면 몸과 다리에 대한 통제력을 잃게 된다. 비틀거리다 계단에서 발을 헛디디기 십상이다. 겨울철 눈 덮인 곳이나 빙판에서는 쉽게 미끄러질 수 있다. 근력이 약한 사람의 사망 위험은 일반 경우에 비해 2배나 높다. [118] 나이가 들수록 근력 운동이 필수적인 이유이다. 근육량에 따라 노인 1400명을 여러 그룹으로 나누어 연구한 칠레의 한 보고서는 많은 것을 시사한다. 근육량이 가장 적은 그룹은 12년 후 거의 절반이 사망하지만, 근육량이 가장 많은 그룹의 사망률은 20퍼센트에 불과했다. [119] 근력은 중년 이후 매 10년 약 8~17퍼센트 감소한다. 최대산소섭취량도 50세부터 10년마다 최대 15퍼센트씩 하락한다. 나이가 들면서 진행되는 노화에 맞서 무병장수의 염원을 이루기 위해서는 이것저것 신경 쓸 것이 많다. 슬프지만 어쩔 수 없는 현실이다. [120]

근육을 겉뼈대(외골격)라고도 부른다. 실제 외부에서 뼈대를 감싸서 골격을 바로 세우고 유지하는 역할을 하기 때문이다. [121] 이제 뼈 이야기로 넘어가자. 뼈도 살아있는 신체 중 일부이다. 뼈세포도 주기적으로 교체되는데 새 세포는 공급되는 칼슘을 통해 단단해진다. 뼈가 약해지면 골절이 발생하기 쉽다. 특히 등뼈나 허리뼈에 문제가 생기면 일상생활 자체가 불가능해진다. 나이가 들면 뼈의 양이 줄어들고 약해져서 잘 부러지는 골다공증이 생기기 쉽다. 이 병은 증세가 악화될 때까지 고통을 느끼지 못해, '침묵의 병'이라고 불리고 있다. [122] 성인의 경우 하루 800~1000밀리그램의 칼슘 섭취를 권장하고 있다. 50세 이상의 여성과 70세 이상 남성 대상의 권장량은 더 많다(하루 1200밀리그램). 참고로 우유 100그램에 120밀리그램 칼슘이 함유되어 있다는 사실을 기억해 두자. 칼슘이 잘 흡수되기 위해서는 체내에 비타민 D가 충분해야 한다. 피부에서 발생하는 비타민 D 합성을 촉진하기 위해 햇볕을 하루 15분 이상 쬘 필요가 있다. 신체 활동도 뼈 건강에 유익하다. 걷거나 뛸 때 뼈에 적당한 압력이 가해진다. 몸을 움직이면 근육의 수축과 이완이 발생하는데, 이 또한 골격계에 건강한 자극이 된다. [123]

에어로빅이나 요가, 달리기 등의 운동은 뼈에 가해지는 적절할 압력과 스트레스를 통해 골세포를 자극하고 뼈 조직 생성을 촉진한다. 결과적으로 골다공증 예방에 도움을 준다. 웨이트 트레이닝도 뼈에 상당한 하중을 가해 미세한 손상을 유발하는데, 이를 복구하는 과정에서 뼈의 밀도가 증가하고 강해지는 효과를 얻을 수 있다. 뼈 건강을 위해서도 무리하지 않는 한도 내에서 운동이 꼭 필요하다.

뼈 이야기가 나왔으니 연골에 대해서 잠시 짚고 넘어가자. 뼈 끝은 부드럽고 매끈한 연골막으로 덮여있다. 이 막은 뼈가 서로 맞닿지 않도록 방지하며, 부드럽게 움직일 수 있는 역할을 하는 윤활액을 만들어 낸다. 연골막 안에 연골이 있는데, 연골은 혈액이 아니라 하중을 받을 때마다 스며들어 오는 관절액으로부터 영양분을 공급받는다. 연골에 영양을 공급하기 위해서는 같은 자세를 계속 유지하지 말고 각 관절을 계속 움직여 줘야 한다. 연골은 매우 약하다. 사고가 발생하거나 과부하가 걸리면 연골층이 마모된다. 연골은 우리 몸 가운데 재생이나 치유가 불가능한 몇 안 되는 조직 중 하나이다. 근력을 키워 연골에 가해지는 부담을 덜어주고, 과체중에 유의하고 운동 중 부상당하지 않도록 조심해야 한다.[124]

최대산소 섭취량도 노인 건강에 중요한 지표다.[125] 이 산소 용량은 대략 20대 중반에 정점을 찍은 후 매년 1퍼센트씩 감소한다.[126] 70대의 최대 호흡량은 20대에 비해 40퍼센트 줄어든다.[127] 높은 최대산소 섭취량 수치는 주요 신체 기관인 폐와 심장이 건강하며 산소를 사용해서 에너지를 만들어 내는 세포가 잘 작동되고 있다는 증거이다. 최대산소섭취량이 높을수록 사망률은 낮게 나온다.

소파에 앉아 텔레비전을 볼 때는 —세포를 움직이는데 필요한 화학적 연료인— 아데노신삼인산(ATP) 공급을 위해 분당 300밀리리터의 산소가 필요하다. 가벼운 조깅을 할 경우, 앉아 있을 때보다 근육에 많은 아데노신삼인산이 공급되어야 한다. 이를 위해 분당 2500~3000밀리리터의 산소가 필요하다. 텔레비전 시청 때보다 거의 10배나 많은 산소가 필요한 셈이다. 운동강도를 최대로 높이면 산소 공급만으로는 에너지를 생산해 낼 수 없는 한계에 도달한다. 그때는 산소 공급이 오히려 덜 필요해진다. 고강도로 고정식 자전거를 타거나 트레드밀(러닝머신)에서 달리다가 더 이상 계속할 수 없는 시점에 다다르기 직전에 잰 값이 최대산소 섭취량인데 45세 남성 평균이 약 40밀리리터/킬로그램/분(ml/kg/min)이다.

지구력 운동선수의 경우 60밀리리터/킬로그램/분을 넘는다. 이 수치가 높을수록 많은 산소를 아데노신삼인산 생산에 쓸 수 있고, 그 결과 더 빨리 달리고 더 많이 운동할 수 있게 된다.

30~95세 미국 퇴역 군인 75만 명 이상을 대상으로 조사한 2022년 〈미국심장협회지〉 연구 결과에 따르면, 높은 최대산소 섭취량과 높은 생존률은 서로 비례하는 것으로 나타났다.[128] 8~10주 운동하면 노인의 —최대산소 섭취량과 같은 의미인— 유산소 체력이 13퍼센트 향상되고 24~52주 계속하면 17퍼센트 증가한다는 것이 의료계 상식이다. 최대산소 섭취량이 10년마다 대략 10퍼센트씩 줄어들고 50세 이후부터는 10년에 15퍼센트까지도 줄어들 수 있다. 한 살이라도 나이를 덜 먹었을 때 운동해서 20~30년 젊은 사람의 수준까지 유산소 체력을 높여 놓으면 30~40년 후를 대비하는 셈이다.[129]

최대산소 섭취량을 늘리기 위해서는 한편으로 지구력을 기르고 산소 흡수 효율을 높이는 운동을 동시에 진행해야 한다. 지구력 향상을 위해 1형 근섬유(또는 '느린 수축 근섬유'라고도 함, 지구력 담당)를 사용하는 달리기나 자전거 타기를 추천한다. 운동 강도는 '말은 할 수는 있으나 대화하기는 힘든 정도'로 조절하면 된다. 산소 흡수 효율을 높이기 위해서는 러닝머신이나 운동장에서 최대 4분 동안 지속할 수 있는 최대 속도로 달리고, 그 후 4분은 가볍게 달리는(심박수가 분당 100회 이하로 내려갈 때까지) 과정을 4~6회 반복하는 운동을 권한다. 이 두 종류를 섞어서 전자는 일주일에 30분씩 2회(최상은 45분씩 4회), 후자는 일주일에 한 번 정도 실행하면 충분하다.[130]

장수는 인류 공통의 염원이다. 하지만 얼마 전까지만 해도 오래 살기 위해 제안되는 비결은 스트레스 줄이기, 운동하기, 신선한 공기 마시기, 술·담배 멀리하기 등 비교적 단순했다. 조선시대 왕의 평균 수명은 46.1세였고 일반 백성은 35세 안팎으로 추정된다.[131] 왕이 오래 살았던 이유는 백성에 비해 월등한 영양 섭취와 의료 혜택을 받을 수 있었기 때문이다. 의식주 문제가 해결되고 치료받을 권리가 보장된 상태라면 과거 왕과 백성의 수명 차는 크지 않았을 것이다. 오히려 왕을 위시한 상류층의 수명이, 과도한 영양 섭취와 운동 부족으로 인해 짧았을 것으로 추정할 수 있다. 하지만 오늘날은 사정이 다르다. 장수가 상품화되고 영리 대상이 됨에 따라 건강이나 기대수명은 부의 격차에 의해 크게 영향을 받는다. 상류층이 상대적으로 건강에 대해 높은 관심도를 보인다. 그들은 오래 살기 위해 가용 자산을 아끼지 않고 사용한다. 독일의 경우 부유한 남성의 기대 수명은 가난한 남성에 비해 9년 정도 길다.[132]

세계 최고령자 기록보유자 잔 칼망(122살에 사망)은 매주 초콜릿 2파운드(약 900그램)를 먹었다. 장수 영양학의 관점에서 절대 허용될 수 없는 행위이다. 그녀는 21세부터 117세까지 담배를 피웠다. 주위에서 건강에 안 좋다고 적극적으로 말린 탓에 음주까지 동시에 끊었다. 그리고는 5년 뒤 사망했다. 혹자는 농담 반 진담 반으로 칼망이 술과 담배를 계속했더라면 더 오래 살았을 것이라고 말한다. 담배 이야기가 나왔으니 잠깐. 애연가로 유명한 윈스턴 처칠은 90세까지 살았다. 헬무트 슈미트 독일 총리도 96세까지 담배를 피웠다.[133] '흡연이 건강을 해친다'는 담배인삼공사의 홍보를 무색케 만드는 사례이다. 칼망은 매 식사 후 단 디저트 섭취를 빼놓지 않았고 117세에 금주하기 전까지 매일 한 병의 와인을 마셨다.[134] 이처럼 수명은 교과서적 공식에 따라 결정되지 않는다. 아이큐(IQ)가 선천적이듯, 수명도 어느 정도 타고나는 측면이 있다. 오죽하면 칼망이 오래 살 수 있었던 이유를 연구자들이 찾다 찾다 '그녀가 부유한 집안 출신'이라는 사실까지 들먹이고 있다. 어떻게 생각하면 경제적으로 부유했던 탓에 돈과 시간에 구애받지 않고 스트레스를 덜 받으며 살았기에 장수했다고 볼 수도 있다. 그녀는 적극적인 사교 생활을 즐기며 말년에 이르기까지 적당한 활동성을 유지했다고 한다.

하버드대학은 1938년부터 지금까지 신입생을 대상으로 전 생애를 추적하여 어떤 사람이 늙어서도 건강하게 사는지 그 이유를 파악하고자 노력했다. 수많은 인터뷰와 데이터를 분석한 결과 예상치 못한 내용이 밝혀졌다. 사회적 네트워크를 든든하게 구축한 사람이 고령에도 건강하게 지낸다는 사실이 드러난 것이다. 즉, 사회적 관계망이 그를 어려움에서 보호하고 신체적·정신적 쇠퇴를 지연시킨 것으로 밝혀졌다. 콜레스테롤 수치, 지능, 유전적 요소도 중요하지만 한 사람이 건강하게 늙을지, 결정하는 가장 중요한 요소는 친구·가족 관계에서의 만족도였다.[135]

하버드대 연구에서 보듯이 신체적 조건이나 물리적 환경도 중요하지만, 장수에 더 큰 영향을 미치는 요인은 심리적인 것이다. 주위 사람들과 지속적으로 교류하며 원만한 관계를 맺고 있는 사람이 건강하게 오래 산다. 암을 대하는 태도도 마찬가지다. 미국 MD앤더슨 암센터에서 32년간 종신교수로 일하면서 '미국 최고의 의사'에 11차례 선정된 김의신 박사는 다음과 같이 설명한다.

"미국 사람들은 암을 고혈압이나 당뇨처럼 생각하는 한편, 한국 사람들은 사형선고를 받은 것처럼 반응한다."

"치료를 시작한 지 한 달이 지날 즈음에 미국인들은 싸워 이기겠다는 투지를 보이지만, 한국인은 제대로 먹지도 마시지도 않고 다 죽어간다."

김의신 박사는 욕심을 버리고 스트레스를 멀리하고 작은 일에도 감사하는 정신 건강의 중요성에 대해 힘주어 말하면서 암 치료보다 중요한 것이 예방이며 운동, 특히 걷기 운동을 강조했다.[136] 김 박사는 장수에 최대 적인 암을 대할 때도 마음 자세가 중요하다고 역설했다.

3) 음식·병

독일 철학자 루드비히 포이에르바흐(1804-1872)는 '당신이 먹는 것이 바로 당신이다'(You are what you eat)라고 말했다. 먹는 음식에 의해 사람의 세포가 형성되므로, 무엇을 먹느냐에 따라 그가 누구인지 결정된다. 건강이나 수명도 식습관과 먹는 음식에 의해 직접적인 영향을 받을 수밖에 없다. 장수를 위해서 '적게 먹고' '지방은 줄이고' '채소와 과일을 많이 먹으라'는 권고는 흔히 알려진 내용이다. [137]

몸에 유해한 부산물이 쌓이는 것을 막기 위해서도 가능한 열량 섭취를 줄여야 한다. 하지만 먹고 싶은 욕구를 억제하기란 결코 쉽지 않다. 인류의 조상 아담과 하와가 받은 첫 시험도 '먹지 말라'는 것이었다. 쥐를 비롯한 동물 실험을 통해서 하루 열량 섭취를 20~40퍼센트 줄였더니 활력이 넘치고 건강해지고 병에 걸리지 않는다는 사실이 밝혀졌다. 과식할 경우 보통 3500~4000칼로리까지 섭취하게 되는데, 육체 노동을 하지 않는 현대인의 경우 1900~2200칼로리 정도로 하루를 지낼 수 있다. 전 세계 장수 노인들을 조사해 보니 대부분 소식을 하는 것으로 밝혀졌다. 그들 가운데 과체중의 비율은 1퍼센트 미만이었다. 앞서 잠시 설명했듯이 100세 이상의 노인들이 가장 많이 사는 일본 오키나와 지방에는 "배고픔의 80퍼센트만 채우라"는 속담이 전해 내려오고 있다. [138] 한국인 최초로 글로벌 외식 그룹 SNOWFOX(스노우폭스)를 세운 김승호 회장도 '머리는 시원하게 하고, 발은 따뜻하게 두고, 배는 가득 채우지 말고 조금 부족한 듯 채우라'(두량 족난 복팔분 頭凉 足暖 腹八分)는 원칙을 강조한다. [139]

최근 인기를 끌고 있는 간헐적 단식도 건강 확보와 체중 감량이라는 일석이조의 효과를 얻을 수 있는 요법이다. 16:8이 가장 대중적인 방법인데, 16대 8이란 열여섯 시간 공복을 유지하고, 식사는 여덟 시간 내에 한다는 원칙이다. 아침과 점심을 여덟 시간 내에서 해결하고 저녁을 건너뛰어 공복 시간이 열여섯 시간 지속되게 만든다. 사회생활로 저녁 식사 건너뛰기가 어렵다면 아침 식사를 포기하여 공복 열여섯 시간을 확보하면 된다.

음식 섭취가 중단된 열두 시간 내에서는 탄수화물이 에너지원으로 사용되다가 이후부터는 인슐린 농도가 급격히 떨어지면서 지방 소모가 활발하게 일어난다. 하루 세 끼를 규칙적으로 먹으면 탄수화물을 에너지원으로 사용하는 상황만 반복될 뿐, 지방을 에너지원으로 쓸 기회가 생기지 않는다. 그 결과 한 번 찐 뱃살은 영원히 빠지지 않는다. 공복 상태로 24시간이 지나면 몸은 비상 모드로 전환되면서 굶주림에 대비하여 기초 대사량을 떨어뜨리고 에너지를 비축하기 시작한다. 따라서 공복 기간은 24시간을 넘지 않는 것이 좋다.

간헐적 단식은 체내 염증 수치를 감소시키고 칼로리 섭취를 줄여서 건강 증진과 체중 감소라고 하는 효과를 동시에 발생시킨다. 여기에 등산, 러닝과 같은 유산소 운동과 근력 운동을 겸하고 공복 시간에 충분한 물이나 차를 마셔 노폐물 배출에 도움을 주면 더욱 건강한 몸을 만들 수 있다.[140] 간헐적 단식을 매일 할 수 없다면 일주일에 이틀이나 삼일 정도 시행하는 것도 방법이다. 칼로리 섭취량을 줄이려는 행위가 많은 사람들에게 스트레스 그 자체가 될 수 있다. 천천히 그리고 조금씩, 할 수 있는 한도 내에서 —스트레스를 받지 말고— 몸을 더 움직이고 조금이라도 적게 먹으려는 노력을 지속하겠다는 마음가짐이 중요하다. 16대 8 단식이 어렵다면 12대 12 단식(열두 시간 공복 유지, 열두 시간 내 식사)도 대안이 될 수 있다. 세 끼를 먹되 저녁은 탄수화물이 포함되지 않은 소량의 음식을 든다면 건강한 노화를 위한 나름대로 훌륭한 식사법을 택한 셈이다.

탄수화물 이야기를 잠깐 해 보자. 인류가 곡류 위주로 식사한 시기는 그렇게 오래되지 않았다. 마지막 빙하기가 끝나면서(대략 기원전 10000년) 강수량이 많아지고 생태 환경이 우호적으로 변함에 따라 인구가 늘어났다. 사냥으로 먹거리를 해결하기 어려워지자 점차 농사를 지어 곡물을 섭취하는 방식으로 생활의 형식이 바뀌었다.[141] 흔히 경작 시대 사람들의 삶이 —이전과 비교해서— 편하고 풍요로웠을 것으로 생각하는데 그렇지 않다. 앞선 시대 인류는 수렵·채집을 위해 돌아다녀야 하는 수고는 피할 수 없었지만 다양한 영양분 섭취는 가능했다. 정주하며 한두 가지 곡물을 주식으로 취하는 형태로 삶이 바뀌자 사람들은 비타민 결핍과 영양분 부족 현상에 시달리게 되었다. 농경 시대 인류의 키는 이전과 비교해서 15센티미터나 작아졌다.[142] 곡물(탄수화물) 위주의 식단에 우리 몸이 노출된 기간은 1만 년밖에 되지 않는다. 오랜 세월 우리 몸은 육류 및 열매와 식용 나물 중심의 먹거리에 적응해 왔다. 선사 인류는 단백질과 비타민, 미네랄, 식이섬유가 풍부한 음식을 섭취했으며 탄수화물의 비중은 상대적으로 높지 않았다.

오늘날의 식단은 밥·빵·떡·국수 등 탄수화물 중심으로 짜여 있다. 특별히 곡물을 주식으로 하는 동양인의 경우, 편중이 더욱 심하다. 현대인들은 탄수화물을 정제된 형태로 많이 섭취한다. '정제'란 가루로 만들었다는 뜻이다. 통곡물의 경우, 소장에서 소화되기에 포도당으로 변환되는 속도가 느리다. 통곡물에는 겨의 일부, 배아 그리고 식이섬유가 함유되어 있기 때문이다. 정제 곡물은 도정하는 과정에서 이런 것들이 제거되기 때문에 포도당으로 전환되는 속도가 빠르다. 포도당은 혈액으로 흡수되어 에너지원으로 사용된다. 단순당 음식(콜라, 사이다, 주스, 사탕 등) 또는 정제 곡물을 먹으면 혈액 속의 당 비율이 급격히 올라간다. 이를 '혈당이 오른다'고 표현한다. 간과 근육에 저장할 수 있는 한계치 이상으로 혈당이 솟구치면 췌장에서는 인슐린이 분비된다. 고혈당 상태가 계속되면 혈관벽이 상하므로 이를 막기 위한 역할을 인슐린이 맡는다. 인슐린은 혈액 속의 포도당을 세포 속으로 밀어 넣음으로써 혈당 수치를 떨어뜨린다.

패스트 푸드, 과자, 음료, 정제 곡물로 만든 음식으로 인한 과도한 탄수화물 섭취가 반복되면 우리 몸은 혈당이 급작스럽게 오르는 '혈당 스파이크' 현상에 자주 시달린다. 그 결과 인슐린을 생산하는 췌장에 이상이 발생하거나 몸이 인슐린에 반응하지 않는 현상이 나타난다. 이것이 바로 당뇨이다(탄수화물 과다 섭취와 인슐린 호르몬의 관계 그리고 당뇨에 대해서는 뒤에서 다시 다룰 것이다). 인류가 곡류를 주식으로 삼은 기간은 상대적으로 길지 않음으로, 우리 몸에 익숙한 구석기 식단으로 돌아가야 한다는 주장을 심심치 않게 만날 수 있다.[143] 미국의 권장식단은 탄수화물 60퍼센트, 단백질 10퍼센트, 지방 30퍼센트 비율로 구성된 반면, 구석기식은 탄수화물 40퍼센트, 단백질 30퍼센트, 지방 30퍼센트 정도의 비율이다. 게다가 구석기 사람들은 소금과 설탕 그리고 정제 가공식품은 일절 섭취하지 않았고(할 수 없었고) 비타민, 칼륨, 섬유질은 현대인보다 두 배 이상, 나트륨은 절반 이하로 섭취했다. 구석기 식단으로 현대병을 치료할 수 있다는 주장은 어느 정도 일리가 있다는 것이 필자의 생각이다. 요약하자면, 운동을 포함하여 몸을 많이 움직이고 가공식품을 멀리하고 탄수화물 섭취를 줄이고 나물이나 야채를 많이 먹고 육류보다는 생선을 취하고 거기에 식물성 단백질(콩, 견과류, 두부)도 곁들이면 건강한 식생활이 될 것이다.

동물성 지방 섭취는 줄여야 한다(소고기보다는 닭고기나 양고기를 권함). 여기서 잠시 식물성 단백질 활용법에 대해 소개할 필요가 있다. 스무 가지의 아미노산만 있으면 우리 몸은 신진대사에 필요한 여러 가지 단백질을 만들어 낼 수 있다. 20개 중 8개의 아미노산은 외부에서 공급받아야 한다. 전통사회에서는 고기(20개 아미노산이 모두 함유되어 있음)가 귀한 탓에 상보성의 원리를 이용하여 두 종류의 곡물을 섞어서 단점을 보완하고 필요한 영양소를 확보하는 방식을 적극 활용했다. 예를 들어 쌀만 먹으면 필수 아미노산 중 하나인 라이신 부족을 겪게 된다. 병아리콩만 먹으면 메티오닌이 부족해진다. 그래서 옛사람들은 라이신이 풍부한 완두, 병아리콩, 대두, 콩을 메티오닌이 다량 함유되어 있는 쌀이나 밀과 함께 먹었다. 쌀과 렌즈콩을 함께 먹으면 고기를 먹는 것과 비슷한 효과를 얻을 수 있다.[144]

가공식품은 몸에 해로울 뿐 아니라 비만의 주범이기도 하다. 미국의 경우 인구의 30퍼센트 이상이, 아동은 300만 명이 비만 상태이다. 운동 부족에 컴퓨터, 스마트폰, 텔레비전 앞에서 보내는 시간이 늘어나면서 비만은 전염병처럼 번지고 있다. 균형 잡힌 식단을 대하는 사람은 기본적으로 비타민이나 식품보조제를 먹지 않아도 된다. 종종 특정 비타민이나 미량의 원소가 건강에 좋다는 연구 결과가 발표되곤 하지만, 지나치게 보조 영양제에 의존할 경우 오히려 해로울 수도 있다는 사실을 잊어서는 안 된다. [145]

건강을 위해 과자, 아이스크림, 케이크도 멀리해야 한다. 설탕은 체내에서 인슐린이 빠르게 만들어지도록 자극하는 역할을 한다(인슐린 생성 교란의 원인). 가능한 한 섭취하지 말아야 한다. [146] 설탕은 이래저래 천덕꾸러기다! 정제 곡물에 여러 가지 식품첨가제를 추가해서 만든 초가공식품은 절대로 피해야 한다. [147] 설탕보다 훨씬 단맛을 느끼게 만드는 인공감미료도 먹지 말아야 한다. 인공감미료는 칼로리가 거의 없다는 장점을 내세워 다이어트 콜라, 저칼로리 소스·드레싱 등 다이어트 식품에 많이 사용되고 있는데 독특한 화학 구조로 인해 우리 세포의 대사 과정이나 신경계 그리고 장내 미생물군에 부정적인 영향을 끼칠 수 있으므로 피하는 것이 좋다. 인공감미료에 장기적으로 노출되면 단맛에 내성이 생겨 더욱 단 것을 찾는 중독 위험에 빠질 수 있다는 비판의 목소리도 존재한다. [148] 카카오 함량이 70퍼센트 이상인 다크 초콜릿은 몸에 유익하다. 세포가 외부와 물질교환을 쉽게 할 수 있도록 도움을 주는 액체 상태의 '불포화' 지방(올리브오일, 유채기름, 생선기름 오메가3, 작은생선 기름 등)도 몸에 이롭다. 칼로리가 높긴 하지만 식이섬유와 미네랄이 풍부한 견과류(아몬드, 건포도, 헤이즐넛, 말린 대추야자나 무화과 등) 섭취도 중요하다. 그 외에 술과 커피, 탄산음료는 피하고 체내 노폐

물 제거를 위해 물은 하루 1~1.5리터 정도를 마시는 것이 좋다.[149]

'어떻게 먹느냐'도 건강을 위한 중요 요소 중 하나이다. 우선, 빨리 먹는 습관을 지양해야 한다. 포만감의 신호가 뇌로 전달되기까지 15~20분 정도 소요된다. 빨리 먹게 되면 배부르다는 느낌이 오기 전에 식사가 끝나기 때문에 본인이 과식했는지 아닌지 알 수 없다. 밥 한 숟가락을 입에 넣고 30회씩 천천히 씹어먹으며 식사시간을 20분 이상 지속하면 포만감이 느껴질 것이다. 그때 숟가락을 내려놓으면 확실히 덜 먹게 된다. 여러 번 저작(咀嚼)하기 때문에 소화도 잘되고 밥맛이 좋은 것은 덤으로 얻는 소득이다. 자주 먹는 것도 피해야 한다. 위도 쉴 틈과 시간이 필요하다. 밤참은 소화기관을 혹사하는 주범 중 하나이다. 낮에는 교감신경의 작용으로 에너지를 소비하는 쪽으로 신진대사가 이루어진다. 밤에는 부교감신경이 지배하고 신체 움직임도 거의 없기 때문에 섭취한 음식이 에너지로 소비되지 않고 지방으로 축적된다. 수면 중에는 신체 기능이 떨어지고 위산 분비도 원활하지 않아, 늦은 밤에 먹으면 소화불량에 걸리기 쉽다. 소화기관이 계속 작동하면 숙면에도 방해가 된다.

앞서 설명한 바와 같이 호르몬의 일종인 인슐린은 세포가 포도당을 흡수하는데 촉진제 역할을 하며 포도당이 세포 내에서 에너지원으로 사용되거나 글리코겐으로 저장될 수 있도록 돕기도 한다. 음식을 섭취하면 소화 과정을 거치면서 포도당으로 변한다. 췌장은 포도당을 신속하게 세포 안으로 집어넣기 위해 인슐린을 생산한다. 이에 따라 혈중 인슐린 농도는 약 5~10배 증가한다. 당

높는 소변으로 포도당이 배출된다고 해서 붙여진 병 이름이다. 정상적일 경우 분비된 인슐린에 의해 핏속 (그래서 결과적으로 소변 내) 혈당량이 적정 수준을 유지한다. 췌장에서 인슐린이 제대로 만들어지지 못하는 경우를 1형 당뇨병이라 하고, '인슐린 저항성'으로 인해 인슐린 작용이 원활하지 못한 상태를 제2형 당뇨병이라고 한다. 인슐린 저항성이란 몸이 인슐린에 제대로 반응하지 않는다는 뜻으로, 세포가 포도당을 제대로 흡수하지 못하기 때문에 혈당이 높아지는 상황에 이른다. 이에 췌장은 더 많은 인슐린을 만들어 내지만 몸의 무반응 상태가 지속되는 악순환으로 이어진다. 인슐린 저항성이 생기는 원인으로 고지방, 고단수화물 중심의 과도한 영양 섭취와 운동부족 비만, 과도한 스트레스와 수면 부족 등을 열거할 수 있다. 런던대학교 생물학과 명예교수인 루이스 월퍼트는 제2형 당뇨병 환자의 90퍼센트 이상은 비만 환자라고 지적하며 과체중과 운동부족이 발병 원인이라고 잘라 말한다. [150]

인슐린이 많이 생성되면 신진대사가 증대하는데, 이는 산화 작용을 증강시켜 지방과 당을 더 많이 태우게 만들고 결과적으로 세포의 노화를 촉진한다. 이런 이유에서도 인슐린 폭증의 트리거 역할을 하는 흰 쌀밥, 스파게티, 면 종류, 빵 등의 섭취를 가능한 줄이는 것이 좋다. 최근 빵 소비가 급증하고 있는데[151] 한국인들의 탄수화물 섭취는 이미 과도한 수준에 이른 상태이다. [152]

당뇨병 환자의 경우, 소변을 통해 포도당이 많이 빠져나갈 때 정상인보다 더 많은 수분이 배출된다. 그래서 환자는 상시적인 심한 갈증 현상에 사로잡힌다. 영양분의 일종인 포도당이 몸 밖으로 배출되는 셈이므로, 환자는 쉬 피로감을 느끼며 체중이 감소하기도 한다. 오랜 기간 고혈당에 노출되면 혈관에 염증이 생기고 심해지면 막힐 수도 있다. 갑자기 혈당량이 치솟을 경우 무기력증 또는 의식 상실 현상이 나타나기도 한다. 당뇨병이 무서운 이유는 합병증 때문이다. 염증으로 인해 혈관이 좁아지거나 막히면서 동맥경화, 뇌졸중, 시력 상실, 만성 신부전증, 손발 감각이 무뎌지거나 족부 궤양이 발생할 수 있다. 당뇨병은 규칙적 운동, 저당지수 식품(채소, 통곡물 중심 식단), 가공식품·설탕 섭취를 줄이고 체중을 관리하고, 스트레스를 줄이고 충분한 물을 섭취하는 등의 방법을 통하여 증상을 완화할 수 있다.

최근 당뇨를 앓는 환자수 증가는 경이로울 정도이다. 2019년 기준 전 세계 당뇨 환자는 4억 6400만 명인데, 2045년에는 7억 명으로 늘어날 것으로 예상된다. 2022년 통계에 의하면 한국의 경우 30세 이상의 11.3퍼센트, 65세 이상의 28퍼센트가 당뇨를 앓고 있다.[153] 이 통계에서 보듯이 당뇨는 ─심혈관 질환과 암도 마찬가지─ 노인에게 흔한 질병이다. 신체가 인슐린에 반응하지 않는 제2형 당뇨병 환자 절반이 55세 이상이다.[154]

열량 관점으로 영양소 분해 및 에너지 저장 과정을 이해하면, 건강에 많은 도움이 된다.[155] 우리가 밥(탄수화물)을 먹으면 우선 포도당의 저장 형태인 글리코겐으로 전환된다. 글리코겐은 바로 활용될 수 있는 에너지원으로 간과 근육(골격근)에 저장된다. 몸 전체로 보면 근육 비율이 간에 비해 높기 때문에 대략 글리코겐의 75퍼센트는 근육에, 25퍼센트는 간으로 간다고 보면 된다. 성인 남자는 약 1600칼로리의 글리코겐을 저장할 수 있다. 2시간가량 고강도 운동할 수 있는 에너지량이다. 운동이나 에너지 사용으로 몸의 혈당이 떨어지면 간은 글리코겐을 포도당으로 전환해 분비하여 혈당을 높인다.

탄수화물은 지방 형태로도 저장될 수 있다. 필요 이상의 음식을 섭취한 경우 피하(皮下) 지방세포에 중성지방 형태로 에너지가 저장된다. 신체는 글리코겐보다 지방의 형태로 훨씬 많은 에너지를 저장할 수 있다. 몸이 마른 성인도 지방의 양이 10킬로그램에 달할 수 있다. 그 정도 무게는 대략 9만 칼로리 에너지량에 해당한다. 마라톤 완주에 2600칼로리 이상의 열량이 필요하므로[156] 9만 칼로리는 마라톤을 약 35번 종주할 수 있는 에너지량이다.

섭취한 영양소를 사용하기 위해 분해하는 과정을 대사('신진대사'라는 표현을 염두에 두면 '대사'라는 단어가 쉽게 이해됨)라고 하는데,[157] 피하의 지방 축적은 대사 건강 유지에 도움을 준다. 불필요한 영양소를 피하에 보관함으로써 신체의 대사 기능에 부담을 덜어주기 때문이다. 원시시대 인류는 늘 칼로리 부족으로 어려움을 겪었다. 따라서 먹을 것이 풍부할 때 확보한 에너지를 몸에 더 많이 저장할수록 살아남을 가능성이 높아진다. 우리 몸이 지방의 형태로 에너지를 보존하고 저장하는 능력을 갖추게 된 이유가 바로 여기에 있다. 오늘날의 문제는 먹을 것이 풍족하여 무한정 열량 섭취가 가능한 환경 그 자체이다.

피하 지방세포의 저장 용량을 초과할 정도로 과도한 열량을 흡수한다면 어떤 일이 발생할까? 포화 상태의 중성지방은 혈액을 통해 간, 근육 그리고 심장과 췌장 주위로 흘러 들어간다. 복부 쪽으로도 가서 내장 사이에 쌓이기 시작한다. 이렇게 불필요한 곳에 쌓인 중성지방은 문제를 일으킨다. 혈액에 중성지방이 많으면 동맥경화의 원인이 된다. 근육에서는 인슐린 저항성을 유발하고 간에서는 비알콜성 지방간 질환 발생에 기여하고 내장에서는 염증 물질을 분비한다. 그러므로 적절한 열량 섭취 그리고 운동을 통해 에너지를 소비함으로써 글리코겐이나 중성지방이 체내에 과도하게 축적되지 않도록 조심해야 한다.

미국 잡지 〈비지니스인사이더〉에 마이클 로이젠 박사는 자신의 실제 나이는 78세이지만 생물학적 나이는 57.6세라고 주장하면서 즐겨 먹는 음식을 소개했다.[158] 먼저 올리브유다. 매일 한 스푼씩 올리브유를 먹는 사람은 심혈관 질환으로 사망할 위험 19퍼센트, 암 사망 위험 17퍼센트, 신경 퇴행성 질환으로 사망할 위험 29퍼센트 각각 낮아진다. 두 번째와 세 번째는 연어와 송어다. 매주 한두 번 생선을 먹은 사람은 심혈관 질환, 암 또는 알츠하이머병으로 사망할 위험이 10퍼센트 낮은 것으로 밝혀졌다. 하루 150그램의 생선을 먹는 사람들은 거의 먹지 않는 사람에 비해 인지저하나 치매에 걸릴 확률이 30퍼센트 낮다는 여러 나라의 의학 및 영양 전문가들이 내린 결론을 미국 경제 매체 마켓워치가 작년에 보도한 바 있다.[159] 연어와 송어에는 비타민 D와 오메가3 지방산(심장 건강, 에너지 공급, 세포 구성에 중요한 역할) 함량이 높은 반면 다른 생선에 비해 메틸 수은 함량이 낮다. 네 번째는 혈압과 콜레스테롤을 낮추고 심장병 위험을 감소시키는 다크 초콜릿이다. 다섯 번째는

버섯이다. 버섯 안에 많이 함유된 에르고티오네인 성분은 천연 항산화제로 사람들은 이를 흔히 '장수비타민'이라고 부른다. 여섯 번째는 아보카도, 마지막은 콜리플라워이다.

서울 아산병원 노년내과 소속 정희원 교수는 천천히 나이 먹는 '저속노화 식단'을 주창하면서 붉은 고기, 가공식품, 단순당은 줄이고, 현미, 보리 등 정제되지 않은 통곡물과 콩, 채소를 주요 칼로리 및 단백질원으로 하는 식사법을 제시했다. 정희원은 구체적으로 1) 렌틸, 귀리, 현미, 백미를 4:2:2:2로 혼합한 밥을 만든다. 2) 나물, 채소, 약간의 고기, 생선 등 동물성 단백질을 반찬으로 먹는다. 3) 요리에는 올리브오일을 사용한나. 4) 치즈와 붉은 고기, 버터, 마가린 섭취는 소량으로 줄인다. 5) 채소와 달지 않은 과일을 많이 먹는다. 6) 술은 와인으로 최대 하루 한 잔만 마실 것을 제안한다.[160]

정희원 교수는 노화를 지연시키자는 의미의 '저속노화'라는 키워드를 유행시킨 장본인이다. 그는 아침에 혈당이 급격하게 상승했다가 하락하는('혈당 스파이크') 불상사를 막기 위해 단순당과 정제곡물이 적게 포함된 조식을 섭취할 것을 권한다. 서양식 간편식의 일종인 시리얼, 식빵, 잼은 혈당 스파이크를 만들어 몸에 해롭다고 지적하면서, 대신 양배추(초록색 채소), 찐 계란 두 개, 간장 드레싱, 두유 두 개, 에스프레소 한 잔을 추천한다.[161] 그는 또한 건강에 좋다고 알려진 지중해 식사법(동물성 단백질 상당 부분을 허용)과 미국에서 고혈압 환자를 위해 개발된 DASH 식사법(Dietary Approaches to Stop Hypertention, 통곡물, 가금류와 생선, 신선한 과일과 채소로 구성된 식단을 통해 칼륨과 칼슘 등 무기질을 충분히 섭취하고 지방과 염분의 섭취는 줄여 혈압을 조절하는 식사법)을 통합한 MIND 식사법(Mediterranean-DASH Intervention for Neurodegenerative Delay, 신경 퇴행 저지를 위한 지중해식-DASH 식사법)이 혈당을 올려주지 않고 혈압도 관리가 되는 좋은 식단이라고 추천한다.[162] 한식도 MIND 식사법과 크게 다르지 않다고 생각하는 정희원이 예시로 든 한식 식단 메뉴는 다음과 같다.[163]

*아침
-시금치무침, 계란말이, 견과류와 건과일이 들어간 요구르트, 현미밥
-도라지무침, 야채오믈렛, 귀리밥
-두부조림, 견과류 그래놀라, 오이김치, 밤밥
-오이무침, 계란프라이, 과일샐러드, 기장밥

*점심
-두부김치찌개, 콩나물무침, 깍두기, 현미밥
-김치볶음밥, 삼색나물, 오이소박이
-미역국, 삼겹살찜, 쌈야채, 고추장무침, 현미밥
-비빔냉면, 도토리묵무침, 백김치, 기장밥
-고등어조림, 도라지무침, 밤밥

*저녁
-시래기된장국, 오징어볶음, 무생채, 현미밥

-북어국, 두부스테이크, 오이김치, 보리밥

-콩나물국, 제육볶음, 취나물무침, 기장밥

-된장찌개, 코다리조림, 야채쌈, 밤밥

-호박전, 굴비구이, 부추무침, 귀리밥

먹는 음식 이야기에서 콜레스테롤을 빼놓을 수 없다. 콜레스테롤(지질/지방의 일종)이 많이 함유된 음식을 먹으면 이것이 동맥벽에 쌓여 심장병을 유발한다는 생각을 흔히 하기 쉬운데 이는 오해다.[164] 음식으로 섭취하는 콜레스테롤은, 소화가 안 될 경우 그대로 몸 밖으로 배출된다. 혈액 속에 있는 콜레스테롤은 우리 몸이 생산해 낸 것이다. 따라서 뇌졸중, 심근경색, 동맥경화 등 심혈관질환 예방차원에서 콜레스테롤 섭취를 제한해야 한다는 논리는 근거가 없다. 물론 고지방 음식을 많이 먹는 식사법은 건강에 좋을 리 없다.

콜레스테롤은 세포막의 주요 구성 요소이며 음식물 소화에 필수적인 쓸개즙 생산이나 여러 가지 호르몬을 만들 때도 없어서 안 되는 물질이다. 콜레스테롤은 여러 종류로 분류되는데, 그중 HDL(high density lipoprotein cholesterol)과 LDL(low density lipoprotein cholesterol)이 많이 알려져 있다. HDL은 고밀도 지질단백질 콜레스테롤의 약자이고, LDL은 저밀도 지질단백질 콜레스테롤의 약자이다. 전자를 흔히 좋은 콜레스테롤, 후자를 나쁜 콜레스테롤로 부른다. 그밖에 VLDL(맨 앞 v는 very의 약자, 초저밀도 지질단백질 콜레스테롤)도 기억할 필요가 있다. 콜레스테롤은 물에 녹지 않기 때문에 지질단백질(lipoprotein)이라 불리는 작은 공 모양의 입자를 통해 운반된다. "좋은"과 "나쁜"이라는 이름이 붙은 이유는 지질단백질을 감싸고 있는 아포지질단백질(apo-lipoprotein)이라는 하나 이상의 커다란 분자 때문이다. HDL 입자는 아포지질단백질 A(줄여서 apoA)라는 분자, LDL은 아포지질단백질 B(줄여서 apoB)라는 분자로 감싸여 있다.[165]

　HDL 입자는 혈관을 흐르다가 혈관 내피를 뚫고 내피 밑 공간으로 들어갔다 나오기도 한다.[166] LDL 입자도 마찬가지인데, LDL은 apoB 분자 때문에 쉽게 빠져나오지 못한다. 거기서 산화되면서 혈관 내피에 치명적인 해를 끼친다. 산화된 LDL 그리고 apoB는 독성을 품고, 다른 LDL 또는 VLDL을 불러들여 화를 키운다. 시간이 지나면 LDL은 서로 엉켜 덩어리 형태가 되는데, 우리 몸은 그때 백혈구 일종인 단핵구를 보내어 응집된 LDL을 제거하도록 만든다. 단핵구는 내피 밑 공간으로 들어가면서 대식세포(大食細胞)로 변해 산화된 LDL을 먹어 치운다. 대식세포가 콜레스테롤을 너무 많이 먹으면 부풀어 거품 세포가 된다. 이것이 모이면 지방 줄무늬처럼 보이는 형태를 띤다. 이 지방 줄무늬는 시간이 지나면서 지방 덩어리로 변해, 혈류 흐름을 방해하고 심장에 부담을 준다(심근경색의 원인).

　이런 까닭에 LDL에 "나쁜"이라는 형용사가 붙어 다닌다. 그 외 LDL이 아포지질단백질(a)(줄여서 apo(a))라는 ─아포지질단백질 A(apoA)와 다르다─ 분자 희귀 단백질과 결합하면 '엘피 리틀 에이'(Lp(a))가 만들어지는데, 이것은 LDL보다 혈관에 더 치명적인 해를 입힌다. 이에 대한 치료법은 아직 발견되지 않았으므로 현재로서는 좀 더 LDL 수치를 낮추는데(달리 말하면 낮은 apoB 수치에) 집중할 수밖에 없다. [167] HDL은 사고 현장에 출동하여 탈지(脫脂) 현상을 일으켜 대식세포에서 콜레스테롤을 빨아들인다. 그리고는 내피층을 빠져나가 간을 비롯한 기관이나 여러 조직에 콜레스테롤을 전달하여 재활용이 가능하도록 만든다(간은 전체 콜레스테롤의 약 20퍼센트를 저장하는 창고다). 그 밖에도 HDL은 동맥 내피의 염증을 줄이거나 LDL의 산화를 중화시키는 등 내피 건강을 위해 중요한 일들을 많이 한다. "좋은"이라는 설명이 괜히 붙는 것이 아니다. 고밀도 지질단백질 콜레스테롤(HDL) 수치는 남성의 경우 40밀리그램/데시리터, 여성은 50밀리그램/데시리터 이상 유지되어야 하고 저밀도 지질단백질 콜레스테롤(LDL)은 130밀리그램/데시리터 미만(100 미만이면 더 좋다, 고위험군은 70 미만을 권장)이어야 한다. [168]

심혈관 질환은 여러 해 동안 서서히 진행되다가 나이 들어 발병한다. 따라서 젊은 시절부터 혈관 관리에 신경 써야 한다. 우선은 음식에 주의해야 한다. 상온에서 굳은 형태로 존재하는 포화지방(쇠기름, 돼지기름 등) 섭취를 줄이고 생선이나 식물성 기름 등 불포화지방 섭취를 늘리자. 다음으로 운동을 통해 대사 능력을 증진하면 포도당과 지방 분해 능력이 향상된다. 근육량이 늘어나면 더 많은 에너지를 사용하기 때문에, 불필요한 영양분이 축적되어 몸에 부담을 주는 불상사를 막아준다. [169] 앞에서(1장 나이 듦, 3. 노화지연, 2) 근육) 다루었듯이 근육은 노후 삶의 질을 높여주는 중요한 역할을 한다. "재테크보다 근테크", "최고의 노화 예방법은 근육 연

금"이라는 내용은 괜히 나온 것이 아니다. [170]

암에 관해서도 잠깐 다루어 보자. 한국인의 사망원인 1위가 암이다. 2022년 기준으로 전 세계에서 약 970만 명이 암으로 세상을 떠났다. 세계보건기구(WHO)는 2055년까지 암환자가 77퍼센트 증가할 것이라는 무시무시한 전망을 내놓았다. 화학물질에 반복적으로 노출되면 암에 걸릴 수 있다는 인과관계를 일본의 병리학자 야마기로 가쓰사부로가 1915년에 최초로 밝혀냈다. 세계보건기구 산하 국제암연구소는 역학조사를 통해 발암의 원인으로 흡연, 알코올, 자외선, 미세먼지, 가공육, 식품첨가제 등 여러 가지를 지목한다. 현재 발암물질은 1000여 종이 넘는 것으로 알려져 있다.

인체는 100조 개의 정상세포가 분열과 사멸을 거듭하면서 유지된다. 정상적인 세포는 영원히 살 수 —증식할 수— 없다는 사실을 세포생물학자 레너드 헤이플릭이 1961년 발견했다. [171] 일반 세포가 돌연변이에 의해 암세포로 변하면 죽지 않고 무한 증식한다. 결국 악성 종양으로 커지는데 이것을 우리는 암이라고 부른다. 생명체가 오래 살면 세포 분열 과정에서 오류가 발생할 확률이 점점 높아질 수밖에 없다. [172] 어찌 보면 암 환자 수의 급증은 당연한 수순인 셈이다. 암의 종류는 수백 가지에 이르며 혈액에서도 암이 생긴다. 암은 발생 위치에 따라 치료법, 생존율, 재발 가능성이 각각 다르기 때문에 치료하기 어렵다.

암세포는 예측하기 힘든 돌연변이 세포로 구성되어 있기 때문에 다루기 매우 힘들다. 증세가 자각될 정도면 이미 늦은 경우가 많다. 2015년 존스홉킨스 대학 교수이자 세계적인 암 연구 권위

자인 버트 보겔스타인은 "암은 흡연과 같은 위험 요인보다 운이 나빠서 걸리는 것이다", "암 유형의 3분의 2가 과학자들도 예측하기 어려운 운과 관련이 있다"는 놀라운 발언을 했다. 그만큼 암은 치료하기 쉽지 않다. 치료법이 다양해지면서 종양을 제거하는 수술법 외에도 방사선 치료나 항암제 투여 등 여러 수단을 통해 인류는 암과 싸워나가고 있다.[173] 몇몇 암의 경우 5년 생존율이 많이 높아졌다. 국내 여성에게 가장 많이 발생하는 유방암의 경우 2021년 기준으로 5년 생존율이 93.8퍼센트에 이른다.[174]

4. 품위 있는 노년

"인생이란 B(birth, 탄생)와 D(death, 죽음) 사이의 C(choice, 선택)이다"라는 말이 한때 유행했다. 장 폴 사르트르가 했다고 알려진 이 표현을 필자가 처음 들었을 때 '멋지다'는 생각을 지울 수 없었다. 그렇다면 '장수란 무엇일까?' 앞 내용을 차용하면 B(탄생)와 D(죽음) 사이에 'T(시간)가 늘어난 것'이라고 설명할 수 있다. 장수란 삶의 길이가 길어진 것인데, 오래 산다는 점에서 행운이지만 경우에 따라서는 저주일 수도 있다.

생명체의 궁극적인 목적은 번식이다. 좀 더 세련되게 표현하면 유전자를 후대에 남기는 것이다. 내 DNA가 후세에 안전하게 전달되기 위해서는 가능한 자식이 많은 경우가 유리하다. 다산을 위해서는 자식 낳기까지의 시간인 세대 기간이 짧을수록 좋다. 이

두 요소가 합쳐지면 자손의 수가 기하급수적으로 늘어날 것이다. 어떤 세균은 수명과 세대 시간이 같은데, 그것이 30분에 불과한 경우도 있다. 자가 복제를 통해 30분 후 세균의 개체수가 2가 되고, 1시간 후에는 4, 1시간 반 후에는 8, 2시간 후에는 16, 이런 속도로 증식된다. 24시간 후에 그 세균의 개체수는 —놀라지 마시라— 140조 7천억 개로 늘어난다. [175]

인간의 경우 과거의 세대 기간은 약 20~25년, 수명은 40~50년 전후였다. 다른 종에 비해 상대적으로 긴 세대 기간과 낮은 생존률 덕분에 세계 인구는 기원후 첫 천년 간 2억 명에서 2억 7500만 명으로 늘었다. 년 증가율로 따지면 0.02퍼센트 불과한 수치다. [176] 매 30분 두 배로 증가하는 세균과 비교하면 정말로 미미하다. 하지만 이후 19세기 초에 10억 명을 돌파한 인류 인구는 상승 속도가 가팔라지면서 1930년에 20억 명, 1960년에 30억, 1974년에 40억, 1987년에 50억, 1998년에 50억, 2010년에 70억 명으로 늘더니 2025년 1월 말 82억 230만 명으로 증가했다. [177]

과거 부모 세대는, 자식이 자라서 자식(손주)을 낳은 후 대략 15~20년을 더 살았다. 하지만 지금은 '100세 시대'라는 말이 자연스럽게 들리는 때이다. 손주를 본 후에도 60~70년 더 산다는 뜻이다. 오래 살면 인간이라는 종에게 어떤 이득이 있을까? 조부모가 살아있을 경우(특히 할머니) 손자·손녀의 사망률이 낮았다는 근대 이전의 통계가 존재한다(아프리카 감비아, 핀란드). [178] 오늘날에도 외할머니는 육아에 많은 도움을 준다. 여자가 남자보다 오래 사는 이유를 여기서 찾을 수 있을까?

전통사회에 속한 사람들은 대부분 농사를 지었다. 세상 떠나기 직전까지 일을 했다. 땅도 자기 소유이고 농사짓는 기술도 자식에게 뒤지지 않으므로 윗세대는 아래 세대로부터 존경과 대접을 받으며 생애 말기를 보냈다. 늙는 것을 두려워하지 않았다. 과거에 나이는 관록이자 명예였다. 플라톤은 나라를 다스리는 통치자는 최소 50세가 넘어야 한다고 말했다.[179] 쇼펜하우어도 40세가 지나야 정신적인 우월이 사람과의 대화에서 확실하게 나타난다고 보았다.[180] '욜드'(YOLD, Young Old), '능동적 시니어'(Active senior) 또는 '신중년' 운운하면서 나이 들었음을 드러내려 하지 않는 것이 요즘 세태이지만, 이를 과도하게 감추려는 태도는 오히려 볼썽사나워 보인다. 독일 시인이자 극작가 안드레아스 그리피우스(Andreas Gryphius 1616~1664)는 풍자시에서 "내가 늙었기 때문에 사람들이 웃는 게 아니다. 사람들은 내가 늙었는데도 절대로 늙지 않으려고 하기 때문에 웃는다"고 꼬집었다.[181]

그 사이 시대가 빠르게 변했다. 누구나 현실이 달라졌다는 사실을 진지하게 받아들여야 한다. 직장에서 윗세대는 불필요한 존재로 취급받기 십상이다. 능력 증명에 실패하거나 리더십을 발휘하지 못하는 고연봉 직급 직원은 퇴출 1순위에 불과하다. 노인들에게 허락된 자리는 보수가 낮은 허드렛일뿐이다. 경제적 노후 준비가 안 된 사람들도 꽤 많이 존재한다. '생각보다 오래 살 것이다'는 경고가 어렴풋이 들리는 단계는 이미 지났다. 초고령 사회가 눈앞의 현실로 펼쳐지자, 많은 이들이 노후의 삶에 대해 구체적으로 생각하는 가운데 당혹감과 불안감을 떨쳐내지 못하고 있다.

"노년은 길다. 절대 일찍 시작할 필요가 없다"[182]고 말한 마크 트웨인이 떠오른다. 로마의 문필가 키케로도 비슷한 취지의 발언을 했다. "노인이 되기도 전에 노인이 되기보다는 가능하면 짧은 기간 동안 노인이 되기를 나는 진실로 바란다네."[183] '고령화 시대', '100세 장수시대'라는 문구에 세뇌된 탓에 요즘 누구나 노년에 대해 걱정한다. 대부분이, 마크 트웨인이 극구 말린 '긴 노년'을 일찍 시작하고 있는 셈이다. 키케로의 권고처럼 노인이 되기도 전에 노인이 되는 일은 피해야 하는데….

생로병사(生老病死)에서 자유로울 수 없다. 오래 살고 싶다면 노화를 받아들여야 한다(노인이 되는 것과 다른 의미이다). "늙는 것이야말로 인간이 유일하게 찾아낸 오래 사는 법"[184]이기 때문이다. 노년에는 체력이 떨어지게 마련이다. 그렇다고 너무 걱정할 필요는 없다. 키케로의 말처럼 누구도 나이 든 사람에게 힘든 일을 요구하지 않는다.

> "노년에는 체력이 약해진다고 하세나. 그러나 노년이 되면, 체력이 필요하지조차 않는다네. 법률과 관습으로 노년은 체력 없이 이행될 수 없는 의무로부터 면제되어 있네."[185]

자기 몸 추스를 정도의 힘만 있으면 된다. 키케로는 말한다.

> "만약 노년이 스스로를 지켜나간다면, 자신의 권리를 유지해나간다면, 누구에게도 예속되지 않는다면, 마지막 순간까지

자신의 것들을 다스려 나간다면, 노년은 매우 영예로운 인생의 한 시기라네."[186]

맞는 말이다. 현역 시절과 달리 사람들이 알아주지 않고, 젊은 세대로부터 폐물 취급당하지 않나 하는 의구심이 자꾸 들고, 과거와 사뭇 다른 몸 상태 등 여러 가지 변화가 찾아온다. 이 모두는 늙어가면서 발생하는 자연스러운 현상들이다. 거기에 연연하거나 신경을 쓸 필요가 없다. 중요한 것은 키케로의 지적대로 '삶의 주도권을 잃지 않고 독립적으로 살아가는 능력을 확보했느냐 못했느냐'에 있다.

노년에는 적절한 운동이 필수적이다. 체력을 축적하기 위해 음식도 충분히 섭취해야 한다. 그래야 정신적 힘도 유지할 수 있다. 키케로는 더 나아가 마음까지도 연마할 것을 촉구했다. 노인 세대는 로마 문필가의 지혜로운 권면에 귀 기울여야 한다.[187] 로마 시대 젊은이들은 노인들을 향해 다음과 같은 비난을 쏟아냈다.

"우스꽝스럽고 바보스러운 노인들," "쉽사리 속아 넘어가고 건망증이 심하며 조심스럽지 못한 노인들," "해이해지고 게으르고 흐리멍덩한 노년."[188]

오늘날도 젊은 세대가 노인들을 향해 비슷한 힐난을 퍼부을 수 있다. 노인 세대는 신중한 처신과 바른 행동을 통해 옛날 노인들과 유사한 전철을 밟지 않도록 주의해야 한다. 겸손은 노인이 반드시 갖추어야 할 미덕 중 하나이다. 이제는 성공하겠다는 의지나 욕망을 내려놓고, '나는 잘난 것이 별로 없는 존재인데 그럼에도 이렇게 살아 있다'는 안도감·행복감을 느끼며 평온하게 현재를 즐길 줄 아는 능력을 길러야 한다. 윤동주의 서시에 나오는 구절처럼, "죽는 날까지 하늘을 우러러 … 부끄럼이 없기를" 노력할 때이다. "모든 죽어가는 것을 사랑하겠다는 마음으로" "나에게 주어진" 여생을 살겠다고 다짐하는 때가 바로 노년기이다. 늙어가는 과정을 긍정적으로 받아들이자. 그것 말고 다른 대안은 없지 않는가!

> "가만히 생각하면 다 태어나면서부터 발걸음이 무덤으로 가는 거예요. 저는 좋게 생각할 수밖에 없습니다. 그리운 보고 싶은 분들이 모두가 계시는 데로 간다고 생각을 하는디 어찌 안 좋것습니까."

1938년 여수 돌산읍에서 태어나 모진 시집살이 틈틈이 책을 읽으며 200권 이상의 노트에 다이어리와 독서 메모를 남겨온 86세(2024년 기준) 김정자 씨가 한 말이다. 그녀는 30년 모은 『전라남도 여수·돌산지역 사투리』를 2022년 자비로 출판하고 현재(2024) 개정판을 준비 중인 이력의 소유자다.[189]

영국의 한 조사기관이 18~49세 사람들을 대상으로 노화에 대해 어떻게 생각하는지 물었다. 30년이 지난 후 설문 대상자들의 건강 상태를 확인했더니 놀라운 결과가 나왔다. 당시 노화에 대해 부정적인 생각을 갖고 있던 사람 중 25퍼센트 이상이 노인성 질병을 앓고 있었다. 반면 노화에 대해 긍정적으로 생각했던 사람들은 비교적 건강하게 살고 있었다. 8년 후 다시 조사했더니 긍정적 마인드를 갖고 있던 사람들이 부정적인 사람들에 비해 심장질환으로 사망할 확률이 30퍼센트나 낮은 것으로 나타났다.[190]

네덜란드 화가 렘브란트(1606~1669)는 마흔 장이 넘는 자화상을 그렸다. 그 외 자화상으로 서른한 장의 동판화와 일곱 장의 스케치를 남겼다. 본인의 모습인지 아닌지 불분명한 것까지 합치면 자화상의 개수는 훨씬 더 늘어난다.[191] 그가 죽던 해(1669), 그러니까 63세 때 그렸던 마지막 자화상에 자신의 노년 모습이 석나라하게 드러나 있다. 그는 왜 자주 자신을 그렸을까? 나날이 쇠하여지는 육신을 예리하게 관찰하고 그림으로 표현하는 과정 가운데 렘브란트가 고통을 느꼈다면 이렇게 많은 자화상을 그리지 않았을 것이다. 피할 수 없는 쇠락을 받아들이고, 스러져가는 자신의 모습을 객관화시켜 성찰함으로써 얻어진 '인생무상'이라는 깨달음이 오히려 그의 남은 삶을 더 값지게 만드는 자극제가 된 것은 아닐까? 그런 점에서 렘브란트는 우리 인생의 영원한 선배이자 스승이다. 그는 자신을 소재로 후세들에게 삶의 소중함을 일깨우는 메시지를 전하고 있다.[192] 그는 아마도 다음과 같이 말하고 있는 것이 아닐까?

"여러분도 저처럼 늙을 것이고 언젠가 세상을 떠날 것입니다. 노화와 죽음을 직시하고 성찰하면서 하루하루를 사십시

오. 여러분은 더 현명한 결정을 내리고 더 지혜롭게 살아갈
겁니다."

　나이 들면 점점 관심을 외부에서 내부로 돌려야 한다. 그렇다
고 완전히 외부와 차단하라는 뜻은 아니다. 젊었을 때는 온통 다
른 사람과의 관계나 외부와 상호작용에 에너지를 쏟았다면 이제
부터 자신과 내면에 관심을 가질 필요가 있다. 내가 누군지, 나는
왜 사는지 등. '나'를 객관적으로 바라보고 '나'를 더 깊이 이해하면
남은 삶을 잘 정리하고 마무리할 수 있는 근거와 이유를 발견하게
될 것이다.[193] 그런 의미에서 노년기는, 학생이 시험지 제출 전에
쓴 것을 다시 읽어보면서 완성도를 높이듯이 인생에 화룡점정(畫
龍點睛)을 찍는 시간이다. 칼 융도 〈인생의 단계〉라는 글에서 노
년층을 향하여 '자신에 대해 진지한 관심을 가지기 위해' '스스로
에게 몰두'할 것을 촉구했다.

　　"젊은이가 자기 자신에게 지나치게 몰두하는 것은 죄가 되기
　　쉽고 위험할 때가 많지만, 나이 든 사람에게는 자신에 대해
　　진지하게 관심을 가지기 위해 꼭 필요한 행위이다"[194]

　종교가 있건 없건 간에 노년은 누구에게나 철학적·영적 질문을
던지는 시기이다. 인생의 마지막을 앞둔 사람은 지난 삶과 얼마
남지 않은 시간 사이에서 많은 형이상학적 질문을 던지고 해답을
찾으려고 애쓰기 마련이다. 지금까지는 인생의 스케줄에 따라 자

의 반 타의 반으로 살아왔다. 남들 하는 대로 학교를 다녔고 결혼하고 직장 얻고 자식을 키웠다. 이제는 남은 시간을 어떻게 사용할지 '내가' 오롯이 결정할 수 있다. 남은 인생의 마지막 점을 어떻게 찍느냐에 따라 자신의 생 전체가 새롭게 조명되며, 삶의 의미가 재정의될 것이다. 따라서 노년은 인생에 주어진 덤이 아니라 결정적으로 중요한 시기다. 마지막 승부수를 던진다는 심정으로, 개학날 직전 방학 숙제와 씨름하는 초등학생처럼 해야 할 일, 완성하고 싶은 일에 몰두하자.

삶을 주도하려는 의지를 포기하지 않고, 겸손하게 그리고 늘 성찰하는 태도를 유지하며 아랫세대까지 포용하는 도량을 갖춘 인물이라면 그는 '어르신'으로 불릴 자격이 충분하다. 키케로는 "노망이라고 불리곤 하는 노인의 바보스러움은 경솔한 노인의 특성이지 모든 노인의 특성은 아니"라고 말했다.[195] '노망난 늙은이'가 만약 모든 노인에게 해당되는 말이라면, 노년은 일종의 병이다. 그 경우 우리는 '노년'을 거부하고 '노년'이라는 병에 걸리지 않도록 대항해 싸워야 한다. 다음과 같은 키케로의 말처럼.

> "마치 질병에 대항하는 것과 같이 노년에 대항하여 싸워야만 하네."[196]

과거 노인들은 자동으로 존경을 받았다. 지금은 그렇지 않다. 나이 든 사람의 입장에서야 아쉽겠지만, 시대가 바뀌었다. 누구나 귀한 인격체이므로 서로에게 예의를 지키며 정중히 대해야 한다. 종업원이 나의 하인이 아니듯 말이다. 그는 단지 근로 계약에 따라 일을 하는, 나와 동등한 시민이다. 고객은 서비스를 제공받을 권리 범위 내에서 종업원에게 무언가를 요구할 수 있다.

충·효가 중요했던 1960~1970년대와 달리, 지금은 민주주의와 상호존중의 가치가 우선시되는 때이다. 장년·노년 세대는 대체로 고도성장, 도시화의 혜택을 입었다. 요즘 젊은이들은 경제가 성숙화 단계에 이르러 더 이상 과거와 같은 폭발적 성장이 없는 시대, 좋은 일자리는 줄어들고 경쟁은 더 치열해지는 상황 가운데 고군분투하며 살고 있다. 이들의 수고로 경제가 돌아가고, 이들이 연금을 납입한 덕분에 노인 세대가 연금을 수령한다. 나이 든 이들은 젊은 세대의 수고와 노고를 기억하며 감사한 마음을 가져야 한다. 그럴 때 섭섭함이나 피해의식을 덜 느끼게 될 것이다. 물론 '나도 열심히 살아왔다'는 자부심을 잃지 말고, 좀 더 여유 있고 넓은 아량으로 젊은 세대, 주변 사람들을 대한다면 훨씬 마음이 편해지는 것을 느끼게 될 것이다. 톨스토이(1828~1910)가 제안하는 '인생 10훈' 중 몇 가지를 소개한다.[197]

"운동하기 위해 시간을 내라.
그것은 끊임없이 젊음을 유지하는 비결이다.

친절하기 위해 시간을 내라.
그것은 행복으로 가는 길이다.

사랑하고 사랑받기 위해 시간을 내라.

그것은 구원받은 자의 특권이다.

주위를 살펴보는데 시간을 내라.

이기적으로 살기에는 하루가 너무 짧다.

웃기 위해 시간을 내라.

그것은 영혼의 음악이다."

인류의 교사인 톨스토이가 말년에 폐렴과 장티푸스를 앓고 난 뒤 소설 쓰기를 그만두고 명상을 통해 지혜의 징수를 정리하고 모아 『살아갈 날들을 위한 공부』를 출판했다. 이 책에 수록된 '인생 10훈'을 읽노라면 죽음을 두 해 앞둔 러시아의 대문호가 우리에게 전하고 싶은 깨달음과 통찰이 무엇인지 어렴풋하게나마 느낄 수 있다.

노인은 필요한 존재이다. '노인이 죽으면 도서관 하나가 사라진다'는 아프리카 격언이 있다. [198] 아래 글을 읽어 보자.

"옛날에 발리의 산속, 외딴 마을에서는 늙은 사람을 모두 죽여서 잡아먹었다고 한다. 노인이 하나도 남아 있지 않아 전통이 모두 사라질 때였다. 마을 사람들은 집회용으로 큰 홀을 지으려고 했으나 홀을 짓기 위해 쓰러진 나무 둥치들의 어디가 위고 어디가 아래인지 구별할 줄 아는 사람이 한 명도 없었다. 둥치의 상하를 거꾸로 알았다가는 큰 불행을 초래할 것이었다. 이때 한 젊은이가 더 이상 노인들을 잡아먹지 않겠다고 약속한다면 자신이 그 문제를 해결할 수 있을 거라고 말했다. 사람들은 약속했다. 그는 숨겨놓았던 자기 할아버지를 데리고 왔으며, 그 노인은 집단에게 둥치의 위아래를 구별하는 방법을 가르쳐주었다."[199]

그만큼 노인의 지식과 경험이 소중하다는 의미이다. 물론 요즘은 지식과 정보를 노인의 경험과 기억이 아니라 네이버나 구글, 유튜브에서 대부분 찾지만 … 수렵·채집 경제 시절, 노인은 집단의 생계에 도움이 되지 못했다. 체력이 떨어지고 기력이 쇠해서 더 이상 사냥에 참여할 수도, 식물이나 열매를 캐거나 따는 데 함께 할 수도 없었다. 그럼에도 노인들을 존경하며 부양하는 예가 적지 않았다—특히 "맑고 강건한 정신을 유지하는 노인들"에게.[200] 사람들은 노인들의 경험과 지식이 집단에게 도움이 된다고 생각했기 때문에 존경하는 마음으로 그들의 충고를 귀담아들었다.

'나이 들었음에도 불구하고 쓸모 있는 존재가 되어야 한다'는 압박의 의미로 과거 예를 든 것은 물론 아니다. 젊은 시절 우리를 괴롭혔던 '능력주의·업적주의'라는 잣대를 가지고 노년 시기를 다시 재단(裁斷)할 필요는 없다. 노년기는 존경받을 만한 무언가를 남에게 보여줘야 한다는 강박관념으로부터 자유로운 때이다. 돈이나 명예나 지위가 반드시 필요한 시기도 아니다. 누구나 앞서 말한 세 가지 모두 있으면 좋겠다고 생각하지만, 노년에 여전히 돈이 많고, 높은 지위에 있거나 명예를 누리고 있는 이가 과연 몇 명이나 되겠는가! '무엇이어야 한다,' '무엇을 갖춰야 한다'는 당위성에 볼모가 될 필요는 없다. 하지만 젊은 세대가 보고 배울만한 '무엇'인가를 소유하고 있어야 하지 않을까? 또는 스스로 자부심을 느낄 무언가를 갖고 있어야 하지 않을까? 그것은 헤밍웨이의 소설 『노인과 바다』에 나오는 주인공이 보여준 끝까지 포기하지 않는 불굴의 의지일 수도, '법 없이도 살 사람'이라는 말을 들을 정도의 정직함일 수도, 인간에 대한 신뢰를 끝까지 포기하지 않고 한결같음으로 상대를 대하는 진실된 태도일 수도 있다.

누가 노인을 존중해 주겠는가? 나이 든다는 것은 이래저래 부담이다.

> "노년은 곤궁함에 놓여 있는 현인에게조차 가벼운 것이 아니
> 며, 극도의 부유함에 빠져 있는 어리석은 자에도 부담이 되
> 는 것이라네."[201]

젊은 세대는 자기 살기 바쁘다. 노인일수록 매력을 발휘할 힘을 소유해야 한다. 그러기 위해서는 노력이 필요하다. 세상 돌아가는 일에 적극적으로 관심을 가져야 한다. 젊은 세대와 소통할 수 있을 정도, 아니 그들에게 어떤 통찰력을 줄 수 있을 정도의 지식과 식견 확보가 필요하다(너무 눈높이가 높은 것일까?). [202] 노인은 많은 경험을 했고, 살 만큼 살았기 때문에 잃을 것에 대한 두려움이 적거나 거의 없다. 젊은 세대가 미래에 대해 느끼는 막연한 '두려움'

으로부터 상대적으로 자유롭다. 두렵지 않기 때문에 돌발 사건이나 위기 상황에서 지혜롭고 현명한 판단을 내릴 수 있다. 큰 흐름을 짚어가며 앞으로 어떤 방향으로 나가는 것이 유리할지 젊은 세대에게 조언할 수 있다.

노인은 어떤 틀에도 얽매이지 않은 자유로운 영혼의 소유자로서, 남의 시선에 아랑곳하지 않고 매일 접하는 만남과 인연을 소중히 여기며 하루하루를 기쁨으로 살아가는 존재여야 한다. 쉘 실버스타인이 1964년에 발표한 동화책 『아낌없이 주는 나무』에 나오는 나무처럼 가진 마지막 하나까지 내주겠다는 자세, 젊은 수좌들이 그만 쉬시라고 권함에도 불구하고 참선과 예불에 용맹전진하는 노승의 태도를 배워야 한다. 노인의 품위는 부단한 노력과 자기 훈련을 통해 유지될 수 있는 일종의 왕(王)자 복근 같은 것이다.

2장
고령화 사회

1. 노인의 지갑(경제)

"노년은 천천히 다가오지만, 은퇴는 느닷없이 닥친다"는 말이 있다. [203] 1955년생은 현재 70세, 1963년생은 62세이므로 한국의 1차 베이비부머 세대(1955~1963년 출생) 은퇴는 상당히 진행된 상태이다. [204] 우리나라 첫 직장에서 퇴직하는 평균 연령이 49.4세이므로 생각보다 더 많은 사람이 비자발적 은퇴 상태에 있을 확률이 높다. 이는 손해 보더라도 국민연금을 조기에 수령하는(최대 5년까지 앞당겨 타갈 수 있으며, 연 -6%씩 삭감된 금액을 받는다, 5년 미리 받으면 30% 감액된 금액을 생애 마지막까지 수령함) 사람 수가 늘어나는 통계를 통해서 어림짐작할 수 있다. 조기노령연금 수령자가 2023년 11월 기준으로 85만 명에 달해, 10년 사이 두 배 이상 불어났다. [205]

조기노령연금 수령자 증가는 빈곤 노인 계층의 확대 문제와 맞물려 있다. 우리나라 노인빈곤율(노인자살률도 마찬가지)은 경제협력개발기구(OECD) 회원국 가운데 가장 높다. 앞서 언급했듯이 OECD가 공개한 '한눈에 보는 연금 2023'에 따르면 한국의 66세 이상 노인의 소득빈곤율은 40.4퍼센트이다(2020년 기준, OECD 평균 14.2%). 설상가상으로 나이가 많을수록 빈곤율이 높아진다(66~75세의 소득빈곤율은 31.4%, 76세 이상은 52.0%). [206]

한국은 작년 말 노인(65세 이상) 숫자가 전체 인구의 20퍼센트를 돌파했다. [207] 이 추세라면 2060년에는 노인이 대략 인구 절반을 차지할 것이다. [208] 정부나 지자체 일각에서는 고령화 관련 재정 부담을 줄이는 방안으로 노인 연령 기준을 70세로 올리자는 의견이 조심스럽게 제기되고 있다. 노인 기준 연령을 5년 높이면 국가의 재정 부담이 대략 40퍼센트 줄어든다는 연구 결과도 나왔다(김성욱 호서대 사회복지학과 교수).

한국의 법정 은퇴 연령은 60세이지만 실질 은퇴 연령은 71세로 그 차이가 11년이나 된다. 11년이란 OECD 평균 0.8년에 비해 약 14배나 많은 기간이다. 실질 은퇴 연령이 늦은 까닭은 생산연령인구에서(15~64세) 제외되더라도 생계 해결을 위해 계속 일하기를 원하는 고령인구(65세 이상)가 많기 때문이다. 따라서 기계적으로 은퇴 연령을 정하기보다는 개인 형편에 맞추어 유연하게 고용 내지 은퇴 정책을 운영하거나 적용할 필요가 있다. "신체적인 건강 수준이 올라가고 기대수명이 높아지는 만큼 노인 기준인 65세는 과거의 50대 중반 수준의 신체적 나이를 가진다"(김우철 서울시립대 교수).[209] 현재 고령 인구층은 과거 세대보다 훨씬 젊고 활력이 넘친다. 노동을 원하는 이들을 생산가능인구에 편입시키고, 적당한 일자리 설계를 통해 계속 일할 수 있는 기회를 제공하면 고령화·노인빈곤·연금고갈 문제를 해결할 수 있는 일석삼조의 효과를 얻을 수 있다. 서구의 주요 국가들은 노인 연령을 상향하는 동시에 정년을 연장하거나 폐지하는 정책을 도입하고 있는 중이다. 미국과[210] 영국(2011년 폐지)에는[211] 정년이 없다. 독일은 2029년까지 정년을 67세까지 늦추기로 결정했다. 이러한 정책 도입으로 말미암아 55~64세 고용률이 2012년 62퍼센트에서 2021년 72퍼센트까지 높아졌다.

2000년대 초 중부 스웨덴의 혼달 제철소의 사례는 많은 것을 시사한다. 오랫동안 신규 인력이 투입되지 않았음에도 불구하고 제철 생산량이 15퍼센트 증가한 사례가 발생했다. 사람들은 이를 '혼달효과'(Horndal effect)라고 부른다.[212] 고령 근로자의 생산 능력이 생각보다 우수하다는 실증이다. 인구 감소에 따른 부족한 일손 문제를 정년 연장을 통해 어느 정도 해결할 수 있음을 혼달 제철소 고령 근로자들이 몸소 증명해 보였다.

노인복지학에서는 '노인'을 "생산 활동에서 은퇴하거나 사회적 지위와 역할이 줄고 상실한 자"로, 의학에서는 "신체·심리·사회적 측면에서 노화가 가속화돼 노쇠 과정에 들어간 사람"으로 정의한다.[213] 하지만 기대수명이 83세 이상이며, 현재 인구 20퍼센트 이상이 65세인 우리의 현실에서 '노인'이라는 개념을 재정의할 필요가 있다. 그렇지 않으면 부양비 증가, 생산 가능 노동력 저하, 소비 여력 감소, 의료비 증가 등의 많은 문제를 해결할 수 없다.

작년(2024)부터는 2차 베이비붐 세대들이(1964~1974) 법정 은퇴연령(60세)에 진입하기 시작했다.[214] 한국은행이 2024년 7월 1일 발표한 'BOK 이슈노트: 2차 베이비부머의 은퇴연령 진입에 따른 경제적 영향 평가'에 의하면 1차 베이비부머 은퇴 결과 경제 성장률이 0.33퍼센트 감소되었는데 —2023년과 같은 60대 남녀 고용 수준율(남성 68.8%, 여성 48.3%)을 유지한다고 가정하면— 2차 베이비부머의 경우 0.38퍼센트 낮아질 것으로 예상된다. 2차 베이비부머들은 10년 전 세대보다 강한 계속근로 의향을 보이며 양호한 소득·자산 여건을 갖추고 있다. 만약 효과적인 정책이 뒷받침된다면 전체 인구의 거의 20퍼센트에 달하는 이들의 은퇴연령 진입이 본격화된다 하더라도 사회적·경제적 충격은 최소화될 수 있을 것으로 판단된다. 일본의 경우 고령자 고용안정법이 개정되자 60대 남녀고용률이 상승했다. 이 상승추세율을 한국에 대입하면, 경제 성장률 저하는 0.16퍼센트에 그칠 수도 있다. 한국은행 조사총괄팀 이재호 과장도 '고령층 고용연장 제도에 대한 사회적 논의를 본격화할 때'라고 전제하면서 2차 베이비부머의 높은 계속근로 의향이 자산 유동화 시도 또는 각종 연금제도의 개선책과 맞물리면 우려했던 것만큼의 노동인구 감소나 소비 감소 현상이 일어나지 않을 수도 있다는 취지의 의견을 제시했다.

한 나라의 경제가 성숙단계에 들어서면 소비성향이 낮아진다. 그중에서도 고령층의 소비성향은 상대적으로 많이 감소한다. 한국에서 2021~2023년 사이 60세 이상 소비성향 하락(75.0%→67.1%)은 전체 연령 소비성향 하락(74.7%→70.7%)에 비해 두드러지게 차이 난다.[215] 고령층이 소비를 하지 않는 추세는 세계 공통적 현상이다. 영국의 일간지 〈이코노미스트〉는 전 세계 2억 7000만 명가량의 베이비부머(현재 61~79세)들이 소비를 하지 않고 재산 보존이나 축적에 몰두하면서 경제에 부정적 영향을 끼치고 있다고 보도했다. 2022년 기준 미국의 은퇴 가구의 51퍼센트가 저축을 했다. 2019~2023년 한국인 65세 이상의 저축률은 26퍼센트에서 29퍼센트로 증가했고, 독일인의 경우 2017~2022년 사이에 17퍼센트에서 22퍼센트로 늘었다. 2019년 일본 노인들은 1년에 순자산의 1~3퍼센트만 소비했다. 한편 장수로 인한 의료비, 간병비 증가분을 고려할 때 충분한 재산을 확보하지 못했다고 염려하는 노인층도 늘고 있다. 2000년대 중반 은퇴한 미국인 중 40퍼센트가 충분한 자금을 마련했다고 답했는데 지금은 그 비율이 30퍼센트 미만으로 떨어졌다. [216)]

베이비부머 세대들의 재산 상태(1장 1. 고령화 현상)나 노인 빈곤문제는 앞에서 다뤘으므로, 노인 세대의 생활비 및 자산운영에 대해 살펴보자. 2023년 통계청 가계금융복지조사에 따르면 은퇴 부부의 월평균 적정생활비는 324만 원, 최소생활비는 231만 원인 것으로 나타났다. [217)] 기대수명을 85세로 잡고 60세부터 은퇴가 시작된다면 은퇴생활 기간은 25년가량 된다. 년 생활비가 3888만원(324만 원 × 12개월)이므로 대략 3900만원으로 잡고, 거기에 25년을 곱하면 9억 7500만 원이라는 액수가 산출된다. 물론 사는 곳, 자가(自家) 소유 유무, 삶의 형태, 건강 상태에 따라 필요 총액수는 상당한 차이를 보일 수 있다.

은퇴 재무설계를 할 때 특히 주의해야 할 사항으로 1) 수명이 더 늘 수도 있다는 사실, 2) 인플레이션율, 3) 나이가 들수록 병원비 등 의료 관련 지출이 늘어날 것이라는 점 등이 거론된다. '무전장수'(無錢長壽)라는 낭패를 당하지 않으려면 재정 계획을 잘 세워야 한다. 은퇴 후 수입원은 국민연금, 퇴직연금, 사적연금, 주택연금 등의 연금 형태와 부동산, 주식, 채권, 예금 등 일시금 형태의 두 종류로 나눌 수 있다. 일시금 형태의 은퇴자금은 장수 리스크에 취약하기 때문에(백세 이상 살면 재정 고갈에 처할 위험 증가), 저량(貯量, stock)이 아니라 유량(流量, flow)에 집중하는 형태로 자산 성격을 바꿀 필요가 있다. 현금 흐름(cash flow)이 창출되는 형태의 자산으로는 고배당 주식(ETF 포함)이나 채권(이자수익)을 꼽을 수 있다. 여기서 적금은 이자 수익률이 너무 낮아 추천 목록에서 제외했다.

50대 이전부터 연금을 얼마 받을 수 있을지 미리 계산해 두자. 주택연금도 부부 중 1명이라도 만 55세 이상이며, 공시지가 12억 이하이면 신청 자격이 된다는 사실도 잊지 말자. 주택연금 종신 지급 방식을 택하면 본인이나 배우자가 살아있는 한 연금을 받을 수 있다. 여기에 퇴직 급여 또는 퇴직 연금을 합치고 저금과 금융 자산을 더한 것이 노후 재산의 총계가 된다. 정부는 개인의 노후 대비 자금 마련을 돕기 위해 다양한 세제 혜택을 주는 금융상품을 마련해 놓았다. 연금저축, 개인형 퇴직연금(IRP) 그리고 개인종합 자산관리계좌(ISA)가 대표적인 것들이다.[218] 젊었을 때부터 이런 상품에 가입해서 노후를 위한 준비를 차근차근 해 나가자.

매달 조금이라도 연금을 받으면 노후에 큰 도움이 된다. 예를 들어 월 50만 원은 그 가치는 어느 정도일까?[219] 중장년으로 재취업하면 임금 수준은 최저 시급보다 조금 높은 경우가 대부분이다. 올해 최저 시급이 10,030원이므로 시간당 1만 원 잡고, 나이가 들었으므로 하루 4시간 일한다고 계산하면 대략 12~13일 노동해야(13일 × 4시간 × 1만 원 = 52만 원) 50만 원의 수익이 발생한다. 그런 의미에서 50만 원은 결코 작은 액수가 아니다.

또 한 가지 미리 염두에 둬야 할 점은 퇴직하자마자 바로 공적 연금을 받을 수 없는 가능성이 높다는 사실이다. 예상보다 빨리 퇴직했는데 연금은 아직 나오지 않는 '소득공백기간'에 대한 대비도 미리 해 놔야 한다. 지나친 노파심 같지만, 나만 홀로 남았을 때 또는 내가 먼저 세상을 떠나고 배우자만 남았을 때 수입과 생활비 변화는 어떻게 될지도 미리 점검해 두자.

맨 아래에 국민연금(국가), 그 위에 퇴직연금(기업), 맨 꼭대기에 개인연금(개인) 이런 식으로 3층 연금 체계 만들 것을 세계은행이 권고했다. 세계은행은 1994년 '노년위기 모면'이라는 보고서를 통해 구체적인 개념을 제시했다.[220] 우리의 경우 주택연금으로 지하층을 구축하면 더 든든한 연금 구조가 될 것이다. 나머지 연금들은 액수나 적립 방식이 정해져 있기 때문에 개인이 할 일은 거의 없다. 원천징수 당하거나 납부 고지서가 날아오면 거기 적힌 액수대로 이체하면 그만이다. 다만 개인연금은 개별적으로 투자 방식을 정하는 것이므로 좀 더 설명할 필요가 있다.

현시대 가장 뛰어난 주식 투자자로 평가받는 워렌 버핏(1930년 8월생)은 2013년 미리 남긴 유서에서 자신이 죽으면 재산의 90퍼센트를 미국 주식 시장의 대표 지수 스탠다드 앤드 푸어스(S&P) 500에 나머지 10퍼센트를 미국 20년 국채에 투자하라고 당부했다.[221] S&P 500 지수는 장기적으로 연간 약 10퍼센트씩 올랐다.[222] 여기에 약 1.2퍼센트 정도의 배당은 덤이다. 지수에 투자하면(상장지수펀드ETF를 사는 방식) 종목을 고를 필요가 없고 개별 회사를 선택한 위험으로부터 보호받을 수 있다. 안전자산인 미국 장기 국채에 투자된 10퍼센트 자산은 위기 때 주가 하락으로 인한 자산 손실을 회피하거나 방어해 주는 역할을 한다.

미국 주식은 글로벌 주식 시장의 약 60퍼센트를 차지한다. S&P 500 지수에 속한 기업들은 미국 증시 시총의 85퍼센트를 담당한다. 세계 주식 시장으로 보면 절반 수준을 차지한다.[223] 필자도 미국의 대표 지수와 미 장기채에 9대 1 비율로 투자하는 워렌 버핏 방식에 따라 개인연금을 운영할 것을 적극 추천한다. 앞서 말한 연금저축이나 개인종합자산관리 계좌를 이용하면 과세 이연과 낮은 세율을 적용받을 수 있어 더욱 유리하다.

적정 생활비를 월 324만 원으로 잡고, 부부가 각각 국민연금을 50만 원 받는다고 가정하면 월 224만 원의 추가 생활비가 필요하다. 년으로 계산하면 2688만 원(224만 원 × 12개월)이다. 셈하기 편하게 2700만 원이라 하자. 그리고 기대 수명을 85세가 아닌 90세로 설정하면 여명(餘命) 기간이 30년으로 늘어난다(60세~90세). 이때 필요한 은퇴자금은 총 8억 1천만 원(2700만 원 × 30년)이다. 12퍼센트 복리 수익률로 30년간 매월 30만 원씩 투자하면 9억 7305만 원의 수익이 창출된다. 30세부터 60세까지 적립했다고 가정한 수치이다(배당금 재투자). 앞서 언급한 ―필요한 은퇴자금― 8억 1천만 원을 훨씬 초과한다. 국민연금 외에 기타 연금이나 재산이 없어도 ―거주할 집만 있다면― 큰 불편함 없이 살아갈 수 있는 액수이다. 은퇴가 시작되는 60세 시점에 은퇴 당사자는 9억 7천만 원 가치의 S&P 500 ETF(상장지수펀드)와 미 장기채로 구성된 자산을 확보한 상태이기 때문에, 여기서 계속 연 12퍼센트씩 수익(1억 1640만 원)이 발생한다. 매년 필요한 생활비 2700만 원을 훨씬 초과하는 액수이다. 쓰고 남는 돈/자산이 계속 불어나는 국면이 펼쳐지는 셈이다.

너무 장밋빛 전망을 늘어놓는 것 같아서 인플레이션율을 감안해(연 4%) 좀 더 정확히 계산해 보았다. 국민연금은 인플레이션을 고려해서 지급되기에 —인플레이션 감가율을 생각하지 않고— 그대로 놔둬도 된다. 우리가 현재 서른 살이라고 가정하고 30년 후 은퇴한다면 현재 가치로 연 2700만 원의 추가 생활비가 필요하다. 현재 2700만 원은 인플레이션율을 감안할 때 30년 후 7984만 원에 해당한다. 따라서 위에서 말한 연 1억 1640만 원의 수익은 물가상승을 고려하고도 매년 약 3660만 원이 남는 금액이므로 충분하다. 참고로 3660만 원을 연 4퍼센트 인플레이션율을 적용해 현재 가치로 환원하면 대략 1240만 원 정도가 된다.

1960년대생 가운데 15퍼센트는 부모와 자녀 이중 부양에 월 평균 164만 원을 지출하고 있다. 60년대생은 전체 인구의 16.4퍼센트를 차지할 만큼 다수이며 은퇴했거나 은퇴를 목전에 둔 나이대이기 때문에 이들 대상의 통계나 여론조사는 중요한 의미를 갖는다. 재단법인 '돌봄과미래'가 1960년대생 980명 대상을 대상으로 모바일로 조사한 결과 응답자의 62퍼센트만 노후 준비를 하고 있는 것으로 나타났다. 2022년 기준으로 부모에 얹혀사는 20대 비율이 경제협력개발기구(OECD) 평균은 50퍼센트인데 비해 우리나라는 81퍼센트로 회원국 가운데 1위를 차지했다.[224] 1960년대생들은 자신을 자조적인 의미로 '마처세대'(부모 부양 마지막 세대, 자녀로부터 부양을 받지 못 받는 처음 세대)라고 부른다.

노후소득에 따라 피라미드 형태로 계층이 갈린다. NH투자증권 100세시대연구소는 피라미드 꼭대기층에 해당하는 은퇴귀족층(완전은퇴가구 중 2.5%)의 월 소득은 525만 원(이하 모두 세전)이라고 밝혔다. 그밖에 은퇴상류층(8.1%)은 372만 원이고, 은퇴중산층(33.1%)

198만 원, 상대빈곤층(39.3%) 125만 원, 절대빈곤층(17%) 101만 원으로 각각 차이를 보인다. 은퇴 이후에도 소득 양극화 현상이 위력을 떨치고 있다. [225] 현금 흐름 차원에서 관찰하면 은퇴귀족층은 공적 연금에서 177만 원, 재산 소득(개인연금 포함)에서 330만 원의 수익을 각각 발생시켰다. 은퇴상류층의 공적 연금 수령액은 은퇴귀족층과 별 차이가 없었으나 전자의 재산 소득은 후자와 비교할 때 확연히 적어(마이너스 150만 원) 전체 소득차가 은퇴귀족층 525만 원 대(對) 은퇴상류층 372만 원으로 크게 벌어졌다. 전체 은퇴 가구의 33.1퍼센트를 차지하는 은퇴중산층의 현금 흐름은 공적 연금에서 112만 원, 재산 소득에서 60만 원이 각각 발생했다. 그들 소득 198만 원은 2023년 통계청 가계금융복지조사에서 밝혀진 은퇴 부부의 월평균 최소생활비는 231만 원에도 못 미치는 액수이다. '중산층'이라는 표현을 붙이기 민망할 정도이다. 은퇴중산층(33.1%)과 그 아래 위치한 상대빈곤층(39.3%)을 합치면 전체 은퇴 가구의 72.4퍼센트에 해당한다. 여기에 맨 아래 계층인 절대빈곤층 17퍼센트를 포함하면 89.4퍼센트까지 수치가 치솟는다. 은퇴 인구의 대략 10퍼센트 정도만(은퇴귀족층, 은퇴상류층 각각 525만 원, 372만 원의 소득) 품위를 유지하며 살아가고 있는 소득을 확보한 셈이다. 노년·노후와 관련한 형편과 사정은 제각각이다. 과거에 얽매이지 말고 현재 시점에서 미래를 내다보며 각자의 상황에 맞는 은퇴 후 재정 계획을 세워야 한다.

일본의 경우 고령자가 사회활동에 적극 참여하고 소득까지도 얻을 수 있도록 프로그램이 운영되고 있다. 한 요양원은 입주한 노인에게 일자리를 제공함으로써 사회 일원으로 기여하고 있다는 자기 긍정감을 높이고 부수입까지 올릴 수 있도록 배려한다. 일자리를 제공하는 기업이나 시설은 근로 환경이 고령자 여건에 맞을 수 있도록 각별히 신경 쓴다. 농작물 재배나 판매, 보육원의 육아 보조, 요양시설 내 간단한 청소나 식사 보조, 세탁물 정리 등의 일들을 노인들이 담당한다. [226]

노인들은 액티브 시니어로 살겠다는 적극성을 보여야 하고, 지역사회는 노인에게 적당한 일자리 창출에 힘써야 한다. 노인들이 최대한 독립적으로 생활하겠다는 의지를 불태울 때, 심리적·신체적 건강 상태를 양호하게 유지할 수 있다. 이는 노인의 경제적 형편 개선에도 도움이 되며, 국가 재정도 플러스 요인으로 작용할 것이다. 도움받는 대상에 그치지 않고 활동하며 타인과 교류하는 노인이 많이 존재해야 지역사회도 활력을 얻을 수 있다.

2. 노후 거주 형태

1) 은퇴자촌

애리조나의 부동산 개발업자 델 웹이 1960년 피닉스에 '선 시티'(Sun City)를 만들면서 은퇴자촌(retirement community)이라는 신개념을 창안해 냈다. 거주 자격을 은퇴자로 제한한, 당시로서는 받아들이기 힘든 조건을 내걸어 많은 논란을 불러일으켰다. 델 웹은 노인들이 젊은 층과 어울려 살기를 원할 것이라는 통념을 거부했다. 여가를 즐기며 여생을 행복하게 사는 '인생 단계'를 현실 세계에서 구현한 후 이를 상품으로 내놓았다. 단지 안에 마련된 골프장, 쇼핑센터, 레크레이션 센터 등 다양한 시설들을 통해 노인들은 즐겁고 활기찬 은퇴 생활을 영위할 수 있었다. 입주자들은 언론과의 인터뷰에서 서로 내왕하며 외식, 바비큐 파티, 댄스파티를 즐기는 등 행복한 나날을 보내고 있다고 소감을 밝혔다.[227]

플로리다주 땅을 통신 판매로 팔아온 미시간의 부동산 업자 헤럴드 슈바르츠는 1968년에 발효된 연방령으로 더 이상 사업을 할 수 없게 되었다. 매물로 갖고 있던 많은 땅을 어떻게 활용할지 고민하다가 이동 주택 단지를 건설했다. 하지만 기대만큼 매수자가 몰려오지 않았다. 1983년 73세의 나이에 슈바르츠는 '선 시티'에 사는 누이를 방문했다. 그곳에서 영감을 받은 슈바르츠는 플로리다식 선 시티를 만들겠다고 결심했다.[228] 아들과 함께 '무료 골프'라는 유인책을 내걸고 광고를 대대적으로 하기 시작했다. '더 빌리지'(The Village)는 플로리다판 선 시티이다. 골프 카트가 노인들 교통 문제를 해결한다. 주민 대부분이 운전면허 갱신이 안 되는 나이였으므로, 골프 카트는 좋은 대안이 될 수 있었다. 주민들은 카트를 몰고 단지 어디든 다니며 자립 생활을 영위해 간다. 생활 편의 시설 이용료 145달러만 내면 골프, 수영장, 헬스클럽을 마음껏 이용할 수 있다. 수많은 클럽 모임, 게임과 스포츠 행사가 개최된다. 특별할인 시간대에는 맥주가 탄산음료값보다 싸게 제공된다. 레스토랑 음식 가격도 저렴하다. 삶을 만끽할 수 있는 다양한 편의시설과 놀거리에 입주자들 대부분은 만족스러워했다. '더 빌리지' 내 주택은 55세 이상의 성인만 구입할 수 있다. 19~55세 성인은 단지 내 거주만 가능하다. 19세 이하 아이들은 방문객 자격으로 들어올 수 있다. 특정 집단에게만 허락된 주거 형태이며 고령자 스스로를 사회로부터 차단시키는 공동체(gated community)라는 비난을 받기도 하지만, 노인 세대는 대체로 은퇴자촌에 대해 긍정적으로 평가했다. 그들은 사회적 고립감에 대한 우려에 대해서도 크게 신경 쓰지 않았다. [229]

한국에서도 '선 시티'나 '더 빌리지'를 롤모델 삼아 사업을 추진하려는 움직임이 일고 있다. 서울주택도시공사(SH)는 서울 시민을 대상으로 서울 집을 팔거나 임대한 뒤 지방에서 여유로운 노후를 보내게 하자는 취지로 '골드 시티' 사업을 추진하고 있다. 우선 삼척에 2000~3000가구 규모의 단지를 지을 계획이다. 설문조사에 응한 1500명의 서울 시민 가운데 58.5퍼센트가 '골드 시티'에 이주할 의향이 있다고 답했다. [230] 지자체나 지방 연고 정치가들 사이에서도 '선 시티'를 벤치마킹해 한국형 은퇴자 마을을 만들겠다는 바람이 불고 있다. [231] 소멸해 가는 지방을 살리는 대책 중하나로 은퇴자촌 조성이 급부상된 셈이다. 여론조사 결과를 고려할 때 분명 '필요'(needs)는 확인된 상태다. 따라서 이 사업이 어떻게 진행되는지, 은퇴촌은 구체적으로 어떻게 운영되는지 관심을 갖고 지켜볼 가치가 있다. '선 시티'의 경우 여의도 13배 크기의 면적(38km2)이며 2020년 기준 인구가 거의 4만 명에 육박한다. 거기에 비해 삼척에 추진 중인 귀촌 신도시는 인구수 측면에서 너무 적다. 실제 성황리에 단지 내 주택들이 분양될지, 이후 부족한 편의·문화 시설, 병원 등의 문제는 어떻게 해결할지 얼핏 생각해도 풀어야 할 숙제가 한 둘이 아닌 것처럼 보인다.

2) 실버타운(시니어/복지 주택)

한국인이 선호하는 노후 거주 형태 중 하나가 실버타운이다. 노인복지법에 따르면 실버타운은 노인주거복지시설로, 생활에 필요한 편의를 제공하되(세탁, 방 청소, 식사, 여가 프로그램 등) 분양 또는 임대를 통해 주거시설이 제공되는 노인복지주택과 서비스만 제공하는 유료 양로시설 두 종류로 나누어진다.[232] 양로원과 실버타운은 '무료 또는 실비인가' vs '입주자가 서비스 비용 모두를 부담하는가'에 따라 구분된다. 즉, 무료 양로시설 또는 실비 양로시설은 양로원에 속한다. 양로원은 정부 지원을 받기 때문에 노인장기요양등급에 상관없이 무료 또는 저렴한 가격으로 이용할 수 있다. 대신 주거 환경, 부대시설이나 제공되는 서비스 종류는 실버타운과 비교할 때 상당한 차이가 난다.

실버타운은 한마디로 "전문 관리 업체가 식사·영양, 가사·생활편의, 건강·의료, 문화·여가, 안전관리 등 질 높은 생활 서비스를 제공하는 곳"이라고 정의할 수 있다.[233] 독신 또는 부부 중 1명이만 60세 이상이며 일상생활에 지장이 없을 정도로 건강하며 서비스 비용을 모두 부담한다는 조건으로 입주가 가능하다. 초기비용은 분양형(구입비용)이나 임대형(입주보증금)이냐에 따라 차이가 나며

매달 내는 생활비는 식비, 공동시설 유지·관리 비용, 직원 인건비, 청소비 등을 계산해서 책정된다.

'더 클래식 500'은 2009년에 설립된 한국의 최고급 실버타운이다. 호텔이라고 불러도 손색이 없을 정도로 시설과 인테리어 수준이 뛰어나다. 서울 광진구 자양동에 위치하고 있다. 보증금은 1인 가구/부부 구별 없이 9억 원이고 거주 공간도 같은 56평형이다. 의무식 1인 가구 20식, 부부 40식을 택할 경우 월 생활비로 각각 452만 원, 480만 원을 납부해야 한다(이하 가격은 모두 2022년 7월 말 기준). 상당한 비용임에도 불구하고 대기 인원이 많다고 한다.[234]

서울시 강남 보금자리주택지구에 있는(강남구 자곡동, 수서역에서 버스로 두 정거장) '더시그넘하우스'는 2017년에 설립되었다. 보증금은 1인 가구 4억 원, 부부 5억 8000만 원이다. 거주 공간은 1인 가구 22평, 부부 30평형 기준이며 의무식 1인 가구 60식, 부부 120식을 택할 경우 각각의 월 생활비는 180만 원, 288만 원이다.[235]

강남구 자곡동에 위치한 '서울시니어스 강남타워'(수서역에서 차량 12분)는 비교적 최근인 2015년에 설립되었다. 합리적인 가격으로 월 생활비를 제시하고 있어 강남 생활권을 떠나지 않으려는 시니어들이 입주를 선호하는 실버타운이다. 최근에는 50대 대기자들까지 늘고 있다. 분양형 주택 64채, 임대형 주택 31채로 구성되어 있다. 분양가는 2억 중반에서 4억 중반으로 강남 집값과 비교할 때 상당한 메리트가 있다. 개인간 매매에 의해 형성되는 실거래가는 분양가보다 5000만~1억 원가량 높다고 보면 된다. 임대형의 보증금은 1인 가구 2억 3100만 원, 부부 4억 5000만 원이다. 거주 공간 1인 가구 16평, 부부 31평형 기준 의무식 1인 가구 60식, 부부 120식을 택할 경우 각각의 월 생활비는 142만 원, 260만 원이다.

'서울시니어스 서울타워'(6호선 버티고개역에서 도보 6분, 남산공원까지 차량 4분)는 수도 중심부에 1998년 서울 최초의 실버타운으로 문을 열었다. 보증금은 1인 가구 1억 9200만 원, 부부 3억 9000만 원이다. 거주 공간 1인 가구 15평, 부부 30평형 기준 의무식 1인 가구 90식, 부부 180식을 택할 경우 각각의 월 생활비는 146만 원, 288만 원이다.

2008년에 설립되었으며 서울 성북구에 위치한 '노블레스타워'(길음역에서 도보 25분)의 보증금은 1인 가구 3억 3000만 원, 부부 5억 5000만 원이다. 거주 공간 1인 가구 18평, 부부 33평형 기준 의무식 1인 가구 45식, 부부 90식을 택할 경우 각각의 월 생활비는 138만 원, 245만 원이다.

서울 강서구에 위치한 '서울시니어스 강서타워'(5호선 발산역에서 도보 8분)는 2003년에 설립된 최초의 분양형 실버타운이다. 이대 서울병원은 500미터, NC백화점은 250미터 떨어져 있고 원당근린공원은 실버타운 입구 바로 옆이다. 주요 시설이 가까이 있어 살기 편하다. 보증금은 1인 가구 3억 9000만 원, 부부 4억 8000만 원이다. 거주 공간 1인 가구 34평, 부부 46평형 기준 의무식 1인 가구 60식, 부부 120식을 택할 경우 각각의 월 생활비는 178만 원, 268만 원이다.

서울 강서구에 위치한 '서울시니어스 가양타워'(증미역에서 도보 5분)

는 2007년에 설립되었다. 보증금은 1인 가구 3억 8600만 원, 부부 4억 6400만 원이다. 거주 공간 1인 가구 21평, 부부 25평형 기준 의무식 1인 가구 60식, 부부 120식을 택할 경우 각각의 월 생활비 는 129만 원, 232만 원이다.

용인시 기흥구에 위치한 '삼성노블카운티'는 한국의 대표 기업 삼성이 노인복지사업에 뛰어들면서 2001년에 의욕적으로 만든 시설이다. 20년 이상 되었지만 아직도 최고급 실버타운으로 인정 받고 있다. 지하철 영통역까지 도보로 18분, 기흥호수공원은 차 량으로 5분이면 도착 가능하다. 실버타운 북쪽에 위치한 청명산 은 멋진 풍광을 제공할 뿐 아니라 겨울 북풍까지 막아준다. 입주 보증금은 1인 가구 3억 1000만 원, 부부 6억 원이다. 거주 공간 1 인 가구 30평, 부부 46평형 기준 의무식을 택하지 않을 경우 각각 의 월 생활비는 169만 원, 322만 원이다.

'서울시니어스 분당타워'는 분당서울대학교 병원 근처에 자리 잡고 있다. 2003년에 설립되었다. 대략 250세대, 총 300명 가운데 3분의 1이 90세 이상일 정도로 장수 입주민이 많다. 보증금은 1인 가구 3억 2500만 원, 부부 5억 7100만 원이다. 거주 공간 1인 가구 25평, 부부 46평형 기준 의무식 1인 가구 60식, 부부 120식을 택할 경우 각각의 월 생활비는 199만 원, 340만 원이다.

1988년 개원한 우리나라에서 가장 오래된 실버타운 '유당마을'(북수원IC에서 차량 14분)의 보증금은 1인 가구 1억 7800만 원, 부부 2억 5500만 원이다. 거주 공간 1인 가구 20평, 부부 30평형 기준 의무 식 1인 가구 90식, 부부 180식을 택할 경우 각각의 월 생활비는

209만 원, 332만 원이다.

인천 천마산 아래 자리 잡은 '마리스텔라'(인천2호선, 서구청역에서 도보 16분)는 천주교 재단에서 운영하는 인천 지역 유일한 노인복지주택이다. 2014년에 설립되었다. 보증금은 1인 가구 2억 4740만 원, 부부 3억 5960만 원이다. 거주 공간 1인 가구 24평, 부부 35평형 기준 의무식 1인 가구 45식, 부부 90식을 택할 경우 각각의 월 생활비는 145만 원, 251만 원이다.

용인시 기흥구에 위치한 '스프링카운티자이'(동백역에서 도보 5분)는 용인세브란스 병원과 매우 가깝다. 걸어서 3분밖에 걸리지 않으니 말 그대로 '엎어지면 코 닿을 거리'이다. 설립 연도는 2019년이다. 23평형부터 36평까지 아홉 가지 다양한 타입으로 이루어진 분양형 주택이다(관리비는 평수에 따라 월 20~30만 원). 25C형 주택의 매매가는 5억 9000만~7억 원, 전세가는 4억~4억 5000만 원 정도이고 30A평형 주택의 매매가는 7억 3000만~9억 원, 전세가는 5억 5000만~7억 원 정도이다. 네이버 부동산 전세가 기준으로 보증금은 1인 가구 4억 5000만 원, 부부 7억 원이다. 거주 공간 1인 가구 25평, 부부 30평형 기준 의무식 1인 가구 30식, 부부 60식을 택할 경우 각각의 월 생활비는 48만 원, 80만 원으로 매우 저렴하다.

경기도 가평군 설악면, 청평호 인근에 위치한 '청심빌리지'(설악 IC에서 차량 5분)는 뛰어난 교통 근접성과 주변의 다양한 편의시설로 인해 장점이 돋보이는 실버타운이다. 2005년 통일교 재단이 유료 양로시설로 개원해, 2010년부터는 노인복지주택으로 변경해 운영하고 있다. 차량으로 4분 거리에 첨단 의료시설을 갖춘 HJ매그

놀리아 국제병원이 있고, 남이섬, 축령산, 아침고요수목원 모두 차로 30분이면 갈 수 있다. 청심빌리지 앞 정류장에서 잠실역까지 운행되는 광역버스 7001번을 탈 수 있다. 보증금은 1인 가구 2000만 원, 부부 3000만 원이다. 거주 공간 1인 가구 22평, 부부 34평형 기준 의무식 1인 가구 60식, 부부 120식을 택할 경우 각각의 월 생활비는 172만 원, 280만 원이다.

공주 시내까지 차로 10분이면 닿는 위치지만 한적한 자연 속에 들어온 것 같은 느낌을 주는 '공주원로원'(공주 톨게이트 입구에서 직선거리 1킬로미터)은 한국장로교(통합)복지재단이 1996년에 설립한 실버타운이다. 은퇴한 목회자를 위한 시설로 출발했으나 현재는 60세 이상의 건강에 문제가 없는 사람은 누구나 입주할 수 있다. 보증금은 1인 기준으로 15평 8000만 원, 18평 1억 1000만 원, 23평 1억 2000만 원이다. 2인이 입주하면 1인 보증금에 각각 1000만 원이 추가된다. 월 시설관리 비용은 보증금의 0.3퍼센트이다. 1인 가구의 경우 15평, 의무식 90식 기준으로 월 생활비는 104만 원이다. 부부 가구의 경우 23평, 의무식 180식 기준으로 월 생활비 199만 원이다.

'동해약천온천실버타운'(묵호역에서 차량 15분) 입주자들은 푸른 동해 바다를 내려다보며 일출을 감상할 수 있다. 2004년 개원했다. 동양온천컨벤션호텔이 운영하는 야외 온천 풀장을 5000원에 이용할 수 있는 특권은 덤이다(외부인 2만 원). 동해 시내까지 차로 20분 걸린다. 서울에서 2시간이면 도착하는 동해시KTX 묵호역이 지척에 있다(차량으로 15분 거리). 동해 시내까지 오가는 셔틀버스도 이용 가능하다. 보증금은 1인 가구 1억 3000만 원, 부부 2억 5000만 원이다. 거주 공간 1인 가구 21평, 부부 42평형 기준 의무식 1인 가구 90식, 부부 180식을 택할 경우 각각의 월 생활비는 130만원, 200만 원이다.

선운사와 고인돌로 유명한 고창 인근, 석정 웰파크시티 내에 '서울시니어스 고창타워'(정읍역에서 차량 28분)가 자리잡고 있다. 비교적 최근인 2017년에 설립되었다. 석정 웰파크시티는 의료시설, 주거단지 그리고 관광단지로 구성된 휴양단지이다. 고창은 유네스코 생물권보전지역으로 지정된 곳인 만큼 청정한 자연환경으로 유명하다. '서울시니어스 고창타워'는 면적별 여섯 가지 다입으로 이루어진 분양형 주택이다(관리비는 평수에 따라 월 16~36만 원). 가격은 분양가 기준 8800만~3억 3000만 원 사이이다. 세대별 난방비, 상하수도 요금, 전기 요금, 전화 요금, TV 수신료, 공용시설 이용 요금은 별도이다(월 10~25만 원). 전세로 환산한 보증금은 대략 1인 가구 1억 7000만 원, 부부 2억 3000만 원 정도이다. 거주 공간 1인 가구 20평, 부부 27평형 기준 의무식 1인 가구 30식, 부부 60식을 택할 경우 각각의 월 생활비는 60만 원, 90만 원이다.

독자들에게 자세한 정보를 제공할 목적으로 여러 실버타운을 소개했다. 각 실버타운은 다양한 시설(도서관, 음악감상실 등), 건강관리 시스템 그리고 여가 프로그램을 입주자들에게 제공하고 있다. 비용이나 특성, 위치에 따라 각 실버타운은 수영장, 미니 골프장, 게이트볼장, 명상실 또는 산책로, 텃밭 등 자신만의 특별한 장점을 확보하고 있다. 24시간 간호사가 상주하는 곳도 꽤 된다.

고급 호텔식 실버타운에서는 밥 먹으러 갈 때도 분위기상 외출복을 입어야 하기 때문에 불편하고 서로를 의식하며 경쟁하는 분위기가 형성되어 있어 마음이 편치 않다는 지적도 종종 제기된다. 대화 소재가 주로 자기 자랑, 자식 이야기에 국한돼 있어 거주하기 거북하다는 평가도 있다.[236] 사람마다 보는 관점이 다른 까닭에 각자의 입장에서 잘 생각해 볼 필요는 있다.

2024년 9월 현재 전국 실버타운(시니어 주택) 숫자가 39개밖에 되지 않는다. 계속 건축되고 있지만,[237] 고령화 속도에 비춰볼 때 턱없이 부족한 실정이다. 물론 입주하는 데 상당한 비용이 들기 때문에 아무나 들어갈 수도 없다. 고령화가 가속되는 상황에서 앞으로는 좀 더 다양한 형태의 시니어주택(실버타운)이 개발되어야 한다. 대다수가 노후에는 타인의 도움이 있어야 살아갈 수 있으므로, 소득수준에 따라 서비스 내용이 차별화된 시니어주택들이 공급될 수밖에 없다.

최근 생명보험업계는 실버타운과 요양원의 중간 수준에 해당하는 노인요양시설 설립에 적극 나서고 있다. KB라이프생명의 자회사 KB골든라이프케어는 요양시설을 추가로 운영할 계획을 작년 하반기에 밝혔다. 신한라이프는 시니어 전담 자회사 신한라이프케어를 신설해 노인요양시설을 열 예정이다. 삼성생명과 NH농협생명도 이 시장에 적극 뛰어들고 있다.[238]

KB골든라이프케어는 위례빌리지(정원 125명)와 서초빌리지(정원 80명) 개원을 앞두고 일반 요양원보다는 좀 더 고급화된 시설과 도심 접근성 그리고 나은 서비스(많은 인력배치, 24시간 케어)를 제공한다는 기치를 내걸었다. 장기요양보험 1~2등급 판정을 받은 노인(본인부담금 20퍼센트)을 대상으로 마케팅을 펼쳤는데, 입소 정원을 모두 채우고 두 곳 합쳐 대기자가 4700명에 달할 정도로 인기를 끌었다. 하지만 1인실 기준 본인부담금이 300만 원에 달해 웬만한 실버타운보다 비용이 높다. 노인복지법 상 30인 이상의 요양시설을 만들 때는 사업자가 토지와 건물을 직접 소유해야 한다. 수요가 많은 수도권에서 100인 규모의 요양시설을 설립하는데 500~600억 원가량 소요되는 만큼 토지나 건물 소유 규제를 완화해달라는 목소리가 커지는 중이다.

2003년 노인복지법이 일부 개정되면서 개인병의 능기가 가능한 노인복지주택 설립이 허용되었다. 첫 사례로 '서울시니어 강서타워'가 분양 형태로 입주민을 받았다. 그러나 2015년 일부 실버타운의 과장광고와 부실 운영으로 피해 사례가 속출하자 정부는 분양형 실버타운의 신규 분양을 금지했다. 개인 간 거래는 이미 분양받은 주택에 한해서만 가능하다. [239]

2024년 7월 하순 경제관계장관회의에서 '시니어 레지던스 활성화방안'이 발표되었다. 이에 따르면 인구감소 지역에 분양형 실버타운(일정 비율 이상 '임대형'을 의무적으로 포함) 설립을 허용할 수 있도록 규정을 바꾸고, 토지 건물 사용권만으로도 실버타운 설립과 운영이 가능하도록 법이 바뀐다. 저소득층 대상 고령자 복지주택 공급도 연간 1000만호에서 3000만호로 늘리고 추첨제도 도입한다는 내용도 포함되어 있다. [240] '시니어 레지던스 활성화방안'은 고령화, 건설 경기 침체, 지방 소멸 문제를 어느 정도 해소하는 대책이 될 수 있겠다는 생각이 든다. 앞으로 법과 규정이 완화되면서 더 많은 수익형 실버타운(시니어 주택)이 만들어질 것이다(일본은 대략 2만 3천 개, 미국은 3만 개 이상 존재).[241] 중·상류층은 전국의 실버타운이나 생명보험업계가 상품화한 소위 '빌리지' 가운데 하나를 택하는(자유경쟁 시장형) 반면, 서민층은 각 지역에 정부/민간업체에 의해 공급된 시니어/복지 주택에 입주하는 식으로 이원화될 것으로 보인다(지역 밀착형).[242]

　시간이 지날수록 건강이 악화되고 지병은 심해지는 노인의 수가 늘어날 것이다. 따라서 많은 시니어/복지 주택이 장차 케어형 시설과 연계된 형태로 운영될 가능성이 높다(굳이 지금 용어로 표현하면 실버타운과 요양병원(다음 장 참고)의 기능이 결합된 형태). 현재도 '삼성 노블카운티'는 돌봄이 필요한(치매, 중풍 환자) 노인들을 위해 너싱홈을 운영하고 있다. 서울 강서구의 '서울시니어스 가양타워'는 부속 시설로 후기 고령자 시설과 너싱홈을 보유하고 있다. 서울 성북동의 '노블레스타워'와 '공주원로원'은 몸이 불편한 시니어를 위해 요양원을 함께 운영 중이다.

3) 요양원·요양병원

　유럽이나 미국에는 과거 다양한 종류의 가난한 사람들(주정뱅이, 이민자, 정신병자, 노인)을 구금시키고 교화라는 명목으로 노동을 강요했던 구빈원(救貧院, poorhouse)이 존재했다. 돌봐줄 가족이 없는 가난한 노인들의 경우 구빈원밖에 다른 대안이 없었기 때문에, 미국의 경우 1920년대와 1930년대 구빈원 수감자 3분의 2가 노인이었다. 끔찍한 시설 상태, 질 낮은 음식, 관리 부족 등 여러 이유로 노인들이 구빈원에서 죽어갔다. 1935년 사회보장법이 통과되고 생활 수준이 높아짐에 따라 구빈원들이 차차 사라지기 시작했다. 그런 과정 가운데서도 구빈원에 수용된 노인의 숫자는 감소하지 않았다. 노인들이 구빈원에 오게 된 원인이 돈도 돈이지만, 몸이 약해지고 거동이 어려운 처지에 딱히 갈 곳이 없었기 때문이다. [243]

제2차 세계대전 전후로 설파제, 페니실린 등 항생제가 개발되었다. 혈압 조절 약 등 다양한 증세와 질병 치료에 유용한 약들이 등장했고 의료 기술의 발달로 병원은 사망률을 급격히 낮출 수 있는 희망의 장소로 거듭났다. 미국 의회는 1946년 힐-버튼 법을 통과시켜 정부 자금을 조달해서 병원 건설을 할 수 있는 길을 열었다. 그 결과 20년 동안 전국에 9천 개의 의료시설이 탄생했다. 곳곳에 병원이 세워지자 구빈원에 수용된 노인들의 숫자가 줄기 시작했다. 하지만 이번에는 병원에서 문제가 발생했다. 쇠약하고 갈 곳 없는 노인들로 병실이 꽉 차기 시작했다. 병원장들은 의회에 도움을 요청했다. 1954년, 회복에 오랜 시간이 걸리는 환자를 수용할 수 있는 시설 건립에 정부가 별도의 자금을 지원하는 법이 제정되었다. '요양원'(nursing home)은 이런 우여곡절을 거쳐 탄생했다. 엄밀하게 보자면, 요양원 설립의 1차 목적은 노인 케어가 아니라 병실 확보였다. [244]

1965년 의회에서 통과된 메디케어(노인과 장애자를 위한 의료보험 시스템)도 요양원 증가에 큰 영향을 끼쳤다. 메디케어 세부 조항에 '기

본적인 위생 및 안전 기준에 부합하는 시설에서 받는 서비스에
만 비용을 지급한다'는 내용이 명시되어 있었다. 상당수 병원들
은 이 기준을 충족시킬 수 없는 상태였다. 보건당국은 메디케어
혜택을 많은 사람들이 받도록 하기 위해 법이 정한 기준에 근접
하고 위생과 시설 개선 의지가 분명한 의료 기관에 대해서는 비
용 지급을 승인하겠다는 지침을 내렸다. 그 덕분에 수천 개의 요
양원이 메디케어 카드로 수납할 수 있는 자격을 얻었다. 이 혜택
이 계기가 되어 몇 년 내 1만 3000여 개의 요양원이 신축되었다.
거의 '난립' 수준의 상황이 전개되었고 정부는 위생이나 안전시설
점검을 소홀히 했기 때문에 문제의 소지가 많은 요양원도 상당수
존재했다. 화재, 환자 유기 및 학대 사례가 자주 발생하자 당국은
엄격하게 요양원을 규제하기 시작했다. 이상이 간략한 미국 요양
원의 역사이다.[245]

한국의 현실로 눈을 돌려보자. 일상생활에 어려움을 겪는 65세
이상의 노인이나 65세 미만이라도 노인성 질환(치매, 뇌혈관질환, 파킨
슨병 등)을 앓고 있는 경우, 국민건강보험공단에서 실시하는 노인
장기요양등급(1~5등급, 인지지원등급) 신청을 할 수 있다. '장기요양인
정조사'에 따른 등급 판정이 내려지면 이에 준해서 받을 수 있는
서비스 종류와 금액이 정해진다. 행동이 불편한 경우, 하루 3~4
시간 요양보호사의 도움을 받는 방문요양 서비스를 이용할 수 있
다. 그밖에 방문 목욕과 간호도 받을 수 있다. 외부인 도움 없이
는 일상생활이 불가능한 경우에 의료적 조치가 필요하면 요양병
원을, 불필요한 경우는 요양원을 각각 택할 수 있다. 전자에는 의

료진이 상주하고 있다. 거기서 장기적인 의료 서비스와 재활치료 그리고 간호서비스도 받을 수 있다(건강보험 적용). 후자에는 요양보호사와 사회복지사가 상주한다. 그곳에서 노인들에게 적합한 돌봄 지원, 즉 일상생활 돕기 또는 사회적 활동 프로그램 등 다양한 서비스를 제공받을 수 있다(노인장기요양보험 적용). 요양원에 입소하기 위해서는 앞서 말한 노인장기요양등급 판정을 받아야 한다. 건강보험 적용이 안 되기 때문에 비용 부담이 상당한 편이다. 반면에 요양병원은 건강보험을 적용받기 때문에 상대적으로 비용 부담이 적다. 게다가 노인장기요양등급 판정을 받으면 비용 일부를 추가로 지원받을 수 있다.

독립적인 삶이 불가능해지면 실버타운의 너싱홈이나 요양병원에 입소하거나 아직 구체화되지 않았지만 케어형 시설과 연계된 시니어/복지 주택으로 거처를 옮겨야 한다. 참고로 옆 나라 일본에서 운영되는 '특별 양호 노인홈'이라는 개념의 시설을 소개한다.[246) 나리타 국제공항에서 차로 25분 떨어진 작은 시골 마을에 3층짜리 건물이 서 있다('모리노이에 나리타'). 이곳에 대부분 크고 작은 만성 질환을 갖고 있는 중증 고령자 120명이 살고 있다. 모리노이에 나리타는 사회복지단체에서 운영하는 노인 홈 중 한 곳이다. 이곳은 중증 질환을 가진 3단계 고령자부터 입소할 수 있는 특별한 양호 노인홈이다. 규정상 65세 이상 노인부터 입소할 수 있지만 주로 80세 이상의 고령자들이 살고 있다. 24시간 건강관리 및 의료 지원이 가능하며, 이를 위해 간호사를 비롯 약 20명의 직원이 근무한다(직원 한 명당 약 6명의 노인을 케어). 건물 층마다 4개 구획으로 나누어 구획마다 10명이 함께 살도록 설계되었다. 각 구획에는 거실과 보조주방, 중정 등 공동생활시설이 갖춰져 있다. 입주자들은 독방을 사용한다. 식사비는 우리 돈으로 한 끼에 2500원 정도이다. 입주비로 최소 월 72만 원 정도 낸다. 가격이 싼 이유는 정부가 40~60퍼센트를 지원해 주기 때문이다. 한국의 실버타운(시니어 주택) 생활비가 200~300만 원인 것을 감안하면 3~4배 저렴한 가격이다. 한국의 시설들은 수도권에 집중되어 있으나 일본은 그렇지 않다. 나리타현은 인구 13만 명에 불과하지만, 유사한 특별 양호노인홈 수십 곳이 운영되고 있다.

4) 집

미국 통계에 따르면 1945년까지만 해도 대부분의 사람이 집에서 최후를 맞이했다. 1980년대가 되자 그 비율이 17퍼센트로 감소했다.[247] 앞에서 밝혔듯이(1장 나이 듦, 1. 고령화 현상) 한국의 경우도 집에서 장례를 치르는 비율이 1990년대 중반까지만 해도 70퍼센트 이상이었다. 그 비율이 2001년에는 34.6퍼센트, 2005년에는 6.9퍼센트 이런 식으로 급격히 줄었다.

어떤 의사가 다음과 같은 소견을 밝혔다.

> ""나 병원 절대 안 가"라고 왕진 온 의사에게 단호하게 선언한
> 90대 중반의 환자가 며칠 후 집에서 조용히 눈을 감았다. 연
> 락받고 찾아가 사망 선고를 한 후 나는 생각에 잠겼다. 어르

신을 보며 생애 말기에 꼭 의료에 의지하지 않을 수도 있다는 생각을 했다 … 조금 더 당당하게 삶에 맞서고 죽음이 다가오는 순간에도 자신의 의지를 관철해 볼 수 있다."[248]

"가장 친숙하고 편안함을 느끼게 해주는 곳이 어디냐"고 물으면 나이 든 사람일수록 "사는 집"이라고 대답한다.[249] 집은 노인에게 가장 익숙한 곳이다. 따라서 신체적 활력 저하에도 불구하고 최대한 독립적으로 생활할 수 있게 해준다. 집은 오랫동안 알고 지내던 이웃, 생활해 온 지역 공동체와 노인을 이어주는 역할도 한다. 누구나 집에서 여명(餘命) 시간을 보내고 싶어 하지만 현실은 녹록지 않다. 앞에서(2장 고령화 사회 3) 요양병원·요양원) 말한 것처럼 65세 이상의 노인 가운데 거동이 불편한 이는 노인장기요양등급 판정을 받아 하루 3~4시간 요양보호사의 방문 서비스를 받을 수 있다. 배우자가 있거나 자식이 가까이 있을 경우, 노인은 이런 형태의 도움을 받으며 집에서 여생을 보낼 수 있다. 하지만 곁에 아무도 없을 때는 간병/케어 서비스가 갖춰진 실버타운(시니어/복지 주택)이나 요양원 또는 요양병원을 택할 수밖에 없다. 그렇다면 비교적 건강한 1인 가구 노인은?

사회학자 우에노 치즈코의 최근 관심사는 '노후', '간병' 그리고 '죽음'이다. 우에노는 시설이나 병원이 아니라 원하는 사람은 집에서 죽을 수 있도록 일본 사회가 의료 및 간병 시스템 그리고 노인에 대한 인식을 바꾸어야 한다고 주장하며 패러다임 전환 시도를 위해 적극적인 대중 홍보에 나섰다. 그녀는 모임이나 강연 또는 일본 국회 의원회관 앞 시위 등을 통해 '내 집에서 죽을 권리'라는 새로운 개념을 주창함으로써 많은 노인들의 호응을 얻고 있다. [250]

우에노 역시 고령이다(76세). 그녀는 몸이 점점 쇠약해지고 인생의 내리막으로 접어들었다는 걸 자각하면서, 다만 내 집에서 여생을 잘 지낼 수 있기만 바라는 소박한 마음으로 매일을 살고 있다. 우에노는 "왜 평소 일상 안에서 죽을 수 없나?" 의문을 품고, 집에서 마지막을 마칠 수 있도록 제도를 개선하자는 데 동의하는 사람들과 연대하며 사회적 인식을 바꾸기 위해 노력 중이다. 그녀는 '노인이 혼자 있으면 불행하다', '부모를 혼자 두는 건 불효다', '독거노인은 병원이나 시설에 가야 한다'는 과거의 통념을 거부한다. "현재는 선택지가 있으므로 노인 자신이 사는 방식과 죽는 방식을 스스로 정하게 하자"고 역설한다. 전 도쿄대 교수인 우에노는 사는 집에서 혼자 죽기를 권하면서, "누구나 할 수 있다"고 힘주어 말한다. 일본 노인들은 지금까지 가족을 위해 참고 살아왔고, 가족에게 폐를 끼치지 않으려고 시설에 들어갔고 자신의 죽음도 가족들에게 '편한 대로 하라'고 맡겼는데, 이제는 달라져야 한다는 것이 우에노의 논지이다. 그녀는 "현재 노인들이 안심하고 죽음을 맞지 못하면 우리도 같은 죽음을 맞이할 것"이라고 역설한다.

가족이 있어도 기대지 않는 그리고 기대고 싶어 하지 않는 노인이 늘어나는(현재 일본의 독거세대는 전체 인구 중 38%) 추세에 발맞추어, 앞으로는 부정적 의미가 내포된 "고독사" 대신 '1인 재택사'라는 용어를 사용하자고 우에노는 말한다. 즉 '혼자 살고 있다면, 혼자 죽는 것도 괜찮지 않겠냐'는 식의 긍정적인 이미지로 바꾸자

는 것이다. 자신은 '죽음을 앞두고 일부러 호스피스에 가지 않아
도 된다'고 생각한다며, '호스피스나 병원은 아무리 안정감을 준
다고 해도 그곳은 그 사람에게 일상이 아니기 때문에 불편하다'고
우에노는 설명한다. "나는 양로원에 들어가고 싶지 않아", "시원
찮은 레크레이션이나 가식적일 일을 하고 싶지 않아", "다른 사람
이 내 일을 정하지 않았으면 좋겠어" 이렇게 생각하는 노인들이
의외로 많다고 지적하면서, 우에노는 일본의 '간병보험(개호보험)'에
대해 잠시 소개한다.

　2000년 간병보험(개호보험) 제도의 도입으로 65세 이상의 고령자
는 본인 부담률 10퍼센트를 원칙으로 재택의료, 방문돌봄 등의 서
비스를 지원받을 수 있게 되었다. 보험이 도입된 지 20년 이상이
지나면서 현장 돌봄 전문가들의 경험이 쌓이고 능력이 향상됨에
따라 집에서 치료받겠다는 환자들이 많아졌다. 이 제도가 없었다
면 집까지 간병인이나 의료진을 부르는 것은 일반 사람으로서는
불가능했으리라는 것이 우에노의 설명이다. 의료보험과 간병보
험을 고려할 때 개인부담 88만원으로 재택진료 혜택을 누릴 수 있
다. 오히려 시설이나 병원에 들어가는 것보다 재택사가 비용이 덜
든다는 사실이 알려지자 마지막을 집에서 보내기를 희망하는 노
인들의 숫자가 많아지고 있다고 한다.

　그런데 최근 일본 정부는 간병보험 축소(본인 부담을 10퍼센트에서 20
퍼센트로)를 검토하겠다고 나섰다. 우에노 입장에서 이런 조치는 '
내 집에서 마지막 여생을 보내겠다'는 노인들의 소박한 바람에 찬
물을 끼얹는 행위이다. 그녀는 간병보험 축소 반대집회에 참석

할 뿐 아니라 이를 인터넷으로 생중계하여 많은 노인들의 주의를 환기시켰다. 우에노는 돌봄 인력이 부족한 주 원인은 임금이 낮기 때문이라고 지적하면서, 축소안에는 대우를 더 나쁘게 하자는 내용이 포함되어 있으므로 적극 반대해야 한다고 목소리를 높였다. "대소변을 치우는 등 돌봄 현장에서 싹튼 친절함, 이 친절함이 인간을 성장시키는 법인데, 간병인이 하는 이런 일들을 정치가들은 쉽게 여기지 말고 우리의 역할을 보잘것없는 것으로 만들지 말라"는 현장의 목소리도 함께 전하며 우에노는 정부와 의원들을 압박하고 나섰다. 전 도쿄대 교수는 다시 한번 "노인을 배제한 채 노인의 일을 정하지 말라"고 강조했다. 그녀는 자신의 바람을 이렇게 피력한다.

"나이가 든다는 것은 쇠약해지고 약자가 되는 것이다. 나이가 드는 것을 피할 수 없다. 누구나 남의 도움을 받아야 하는 약자가 된다. 그러므로 돌봄이 필요한 상태가 되지 않으려 애쓰는 것보다 돌봄이 필요한 약자가 되어도 안심할 수 있는 사회를 만들고 싶다."

우에노는 고독사를 맞이한 사람 대다수가 살아있는 중에 이미 고립되었음을 강조한다. 사람들이 반갑게 인사하며 서로에게 관심을 가져주고, 대화를 통해 "참견의 씨앗"을 뿌리고 소소한 것이라도 챙겨주는 마을 분위기를 만들면 결코 고독사라는 비극은 발생하지 않는다는 것이다. 그녀는 '느슨한 친구'가 주변에 있으면 그것으로 충분하다는 말도 덧붙였다.

우리보다 고령화가 일찍 시작된 일본에서 '내 집에서 죽을 권리'
가 큰 호응을 얻고 있는 현실에 대해 살펴보았다. 한국은 이제 막
실버타운, 시니어 주택, 저소득층 대상 고령자 복지주택 등 다양
한 형태의 노인요양시설에 대한 법 제정과 함께 설립이 추진되는
중이다. 노인 거주 형태 관점에서 가장 기본인 '자택'에 대해 그리
고 '혼자 남은 상태에서도 집에서 마지막 케어를 받다가 세상과
이별하는 방법'에 대해 독자들의 주의를 환기하는 차원에서 다루
어 보았다.

과거에는 노인을 돌봐줄 가족이 있지만 이제는 그렇지 않다. "
현대화가 강등시킨 것은 노인들의 지위가 아니라 가족이라는 개
념 자체"라는 말처럼,[251] 현대 사회는 가족 개념을 약화시키는데
그치지 않고 해체해 버렸다. 통계청은 작년 9월 '2022년~2052년
장래 가구 추계 전국편'을 발표하면서 2022년 기준 1인 가구수를
736만 9000으로 밝혔다. 이 수치는 전체 가구 중 34.1퍼센트에 해
당하는 비율이다. 2052년에는 이 비율이 41.3퍼센트까지 증가할
것으로 예상된다. 1인 가구 중 65세 이상 고령층 비율이 2022년
26.0퍼센트(192만 3000가구)에서 30년 후인 2052년에는 51.6퍼센트
(496만 1000가구)에 이를 것으로 추정된다.[252] 대략 30년 내에 전체 열
가구 중 네 가구가 혼자 사는 1인 가구이고 그 가운데 절반이 65세
이상 노인이 될 것이라는 의미이다.

'노인에 대한 존중'(효, 장유유서)보다 '독립된 삶에 대한 가치'(자유)
가 우선시되는 것은 좋으나, 누구나 독립이 불가능해지는 때가 온

다는 엄연한 현실이 문제다.[253] 미국의 의료 전문가들은 아래 소개한 여덟 가지 일상 활동을 스스로 하지 못할 경우 기본적인 신체 독립성이 결여된 것으로 판단한다. ―화장실 가기, 밥 먹기, 옷 입기, 목욕하기, 머리 손질을 포함한 몸 단장, 침대에서 일어나기, 의자에서 일어나기, 걷기.[254] 젊고 건강할 때는 당연한 것처럼 여겨지는 일상의 행동들이 독립적 삶을 영위하기 위한 최소한의 요건으로 명시되어 있다.

　대부분 사람은 살던 마을, 자기 집에서 생의 마지막을 보내고 싶어 한다. 정부의 노인 실태조사(2017)가 이 사실을 잘 입증한다. 보건복지부 조사에 따르면 노인의 58퍼센트는 거동이 불편해도 살던 곳에서 여생을 보내길 희망한다. 시설에 가는 것보다 집에서 지낼 경우 돌봄 비용이 거의 절반밖에 들지 않는다. 요양시설에 있는 어르신을 위해 지급되는 급여(장기요양보험 1인당 급여)는 월 196만 원인데, 재가 서비스를 받는 노인을 위해 지출되는 급여는 105만 원에 불과하다.[255] 우리나라도 노인들이 살던 곳에서 의료·돌봄·요양·주거·일상생활 지원 등의 서비스를 받아 가능한 끝까지 집에 머물 수 있도록 돕는 '노인 의료·돌봄 통합지원 시스템'을 구축하는 중이다. 2023년 7월부터 12개 지자체에서 시범적으로 '노인통합돌봄 시스템'이 운영되고 있다.[256] 대상자는 ―재산이나 소득과 무관하지만― 주로 혼자 살고 돌봄이 필요한 고령의 분들 위주로 선정된다. 장기요양보험 등급에 해당되지 않으나 도움이 필요한 사람이 우선적 대상이 될 가능성이 높다. 지자체마다 지원 서비스가 다른데, 대표적인 것으로 장기 요양 1~4등급 수급자 중에서 거동이 불편한 노인을 대상으로 의사와 간호사가 방문하는 '재택의료 서비스'(의사는 한 달에 1회, 간호사는 2회 방문)를 꼽을 수 있다. 또한 광주광역시에서는 물리 치료사 방문을 통해 조력운동, 보행 능력 향상, 통증 감소 등을 돕는 '방문맞춤운동'을 제공한다. 지자체에 따라 치과위생사가 주 1회 방문하여 구강검진, 저작능력평가, 구강위생관리, 구강보건교육을 실시하는 서비스(1년에 10회 내외 방문)도 받을 수 있다. 사물인터넷을 활용해서 가정 내 전력량, 조도 등의 변화를 감지해 위험을 알리는(오랫동안 변화가 없으면 위험 신호로 간주) '돌봄플러그' 시스템을 운영하는 부천시도 모범 사례로 분류된다. 광주광역시는 노인통합돌봄 시스템의 일환으로 주택 개보수 사업을 진행하고 있다. 후보자들의 건강 상태와 주거 환경을 꼼꼼히 살핀 후 '지역케어 회의'에서 대상을 결정하여 집안의 위험 요소들을 제거하거나 필요 시설을 설치한다. 고령자가 집에서 안심하고 오랫동안 편하게 살 수 있도록 돕는 사업인 셈이다. 이처럼 지역사회가 제공하는 적절한 치료 및 요양 그리고 돌봄을 통해 노인들이 집에서 행복한 노후를 보낼 수 있게 만들려는 움직임이 지자체를 중심으로 시작되고 있다.

고령화가 급속히 진행되면서 시나 지자체 정책 담당자들은 노인들이 살던 곳(집, 동네, 지역사회)에서 계속 지낼 수 있도록 환경을 개선하는 것이 중요하다는 사실을 깨닫기 시작했다. 젊은이의 도시로 알려진 뉴욕시도 도로 중간에 —한 번에 건너지 못한 노인들이 머물 수 있는— 중앙 분리대를 이용한 쉼터를 만들었다. 횡단보도 신호등도 10초 이상 늘렸다.[257] 뉴욕시는 2007년 블룸버그 시장 재임 시절, 시민 공청회를 통해 나온 여러 제안을 수용하면서 고령친화도시로 가는 첫걸음을 내디뎠다. 그해 세계 최초로 세계보건기구(WHO)로부터 고령친화도시 인증을 받았다. 2015년 뉴욕시 인구 846만 명 중 65세 이상의 노인 인구가 100만 명이었는데, 2030년이 되면 130만 명까지 증가할 것이다(현재 뉴욕 인구는 2020년 877만 명을 정점으로 감소하고 있다).[258] 그때 노인 인구는 18세 이하의 인구보다 많아진다. 노인을 계속 뉴욕에 붙잡아 두기 위해서는 노인친화도시로 시스템을 바꿔야 한다는 결론이 자연스럽게 도출될 수밖에 없다. 251개의 시니어센터를 통해 운영되는 운동, 체조, 문화 강좌 등 다양한 프로그램을 통해 노인은 다른 이들과 만나 교류하면서 즐겁고 행복한 시간을 보낼 수 있다. 뉴욕시는 이런 식으로 노인들이 병원이나 요양시설에 가지 않고 지역에서 여생을 보낼 수 있도록 돕고 있다.

서울시도 2010년부터 고령친화도시 가이드라인을 마련하고 실버정책을 담당하는 전담 부서를 만들었다('서울시 어르신 복지과'). 그리고 고령친화도시 가입을 준비해서 세계보건기구로부터 2013년에 인증을 받았다. 한국의 빠른 고령화 속도는 전 세계적으로 유명하다. 서울시 인구 증가 추이에 따르면 2000년에 53만 명 정도(5.4%)였던 65세 이상 노인 수가 2011년에는 104만 명(10.2%), 2027년이면 195만 명(20.3%)에 달할 것으로 전망된다.

5) 거주 공동체·지역 공동체

　노인을 지역/집에 머물 수 있게 만드는 방도를 적극적으로 찾기 위해서는 노인의 존재를 복지수급자라는 틀이 아니라 동료 시민으로 인식하는 관점의 변화가 요구된다. 1) 노인을 능력과 역량을 갖춘 시민으로 인정하면서 2) 구성원 중 일부라고 하는 그들의 자격과 지위를 사회적 관계망 안에서 어떻게 계속 유지시켜 갈 수 있을지, 이 두 가지에 집중해야 한다. 그렇지 않으면 노인의 문제는 비용과 지출의 문제로 환원된다. 그들을 관리 대상으로 바라보면 천편일률적인 해법만 떠오를 뿐이다.

　2006년 핀란드 헬싱키의 은퇴한 노인 몇 명이 '협동적인 노인들'이라는 단체를 만들었다. 그들은 '노인들에게 알맞은 주거시설은 무엇일까'라는 문제를 놓고 지혜를 모았다. 설계부터 참여해 노인들에게 알맞은 공동주거 형태를 구현하는 한편, 땅은 시로부터 임대를 받아 해결했다.[259] 개인주의 성향이 강한 유럽에서 공동주거의 모델을 새롭게 창조해 낸 셈인데, 마치 호텔처럼 1층과 꼭대기 층에는 함께 사용할 수 있는 공동공간으로 만들고 중간에 개인주택을 배치했다. 평균 입주자의 연령은 70세 이상이다. 입주민들은 아파트 공동주거 공간('로푸키리')인 거실에 모여 담소하기를 즐긴다. 이 아파트는 '노인의', '노인에 의한', '노인을 위한' 시설이자 건물이다. 설립자인 마라야 닥스트롬은 "먼저 중요한 것은 공동체 개념을 창조하는 것"이라고 강조한다. "처음 사람들의 아이디어로 함께하는 사람들을 위한 건물을 지었지만 새로운 사람들이

올 때마다 모두가 동의할 수 있도록 아이디어를 수정하기도 했어요." 닥스트롬의 회상이다. 각자 집에서 원하는 일을 하다가 어울리고 싶을 때 밖으로 나오면 항상 친구들이 있다. 매일 저녁은 입주민들이 모여 함께 먹는다. 전체를 6그룹으로 나누어 일주일씩 일도 같이하고 식사, 청소를 나누어 담당한다. 입주민들은 쾌적한 삶을 포기하지 않으면서 분담된 일을 통해 생활의 소소한 즐거움까지 함께 느낀다. 로푸키리에서는 한 달에 한 번씩 입주자 전체가 모여 공동체의 개념에 대한 주제로 이야기를 나눈다. 로푸키리가 노인들을 위한 이상적인 주거형태로 평가받으면서, 혼자서 늙고 싶어하지 않는 많은 사람들이 입주를 희망하는 곳으로 떠오르고 있다. 결국 시가 나서서 시 외곽에 유사한 공동 주거 형태의 아파트를 더 짓기로 결정했다.

입주민 간의 공동체 의식도 소중하지만, 지역 사회에 통합된 지역주민의 일원이라는 의식도 노인의 삶을 건강하게 만드는데 기여한다. 영국의 맨체스터도 고령화가 상당히 진행된 도시이다.[260] 시는 시청에서 15분 정도 떨어진 한 구역을 노인임대주택 단지로 조성해 노인들이 맨체스터를 떠나지 않고 계속 살 수 있도록 배려했다. '고령 친화' 스티커를 붙인 가게들은 최대한 노인들을 배려한다. 많은 가게들이 그들이 쇼핑하는 동안 잠시 쉴 수 있도록 의자를 비치해 놓았다. 노인을 위해서 적은 양의 물건 배달도 마다하지 않는다. 노인들은 사회의 일원으로 당당하게 자신의 의견을 표출한다. 노인 임대 주택에 사는 이들을 위해 일주일에 한 번 입주자 회의가 열린다. 여기서 검토위원들은 입주자들의 불편 사항이나 건의 사항들을 수집해 노인 임대 주택 관리회사 이사회에 전달하고, 때로 시정을 요구하기도 한다. 이사회는 입주자들의 요구를 받아들이거나 받아들일 수 없을 때 왜 그런지 이유를 알려준다. 맨체스터 시는 또한 노인 세대와 젊은 세대 간의 소통의 장 마련을 통해 주목을 받고 있다. '굿 네이버스'(좋은 이웃)이라는 프로젝트를 개발하고 젊은이들을 자원봉사로 참여시켜 홀로 사는 노인들의 이야기를 듣고 그들과 대화를 나누도록 배려했다. 시는 나라와 지역의 발전을 위해 열심히 일했던 노인들을 소외시키지 않고 함께 살 수 있는 환경을 만들기 위해 열심히 노력 중이다. 시 당국자는 고령인구 중 소외당한 자들에게 사회의 구성원이라는 자각심을 심어주고 그들을 사회로 이끌어내어 대화를 나누도록 만들었다. 시는 다른 세대들이 그들의 이야기를 듣는 가운데 서로에게 긍정적인 효과가 확산될 것이라는 믿음을 가지고 이 일을 추진하고 있다.

광주광역시 서구 청춘발산마을의 한 샌드위치 가게에서 마을 할머니들이 직원으로 일하고 있다. 샌드위치는 특성상 아침 일찍 만들어야 한다. 창업한 청년 사장이 고군분투하던 차에 동네 노인이 우연히 지나가다 보고 도와주겠다고 나서서 같이 만들게 되었다. 함께 일한 지 어언 3년이 되었다. 노인들은 매일 할 일이 있고 돈을 버니 기뻤다. 자식들에게 손 안 벌리고, 쓰고 싶을 때 쓰고 손주들 용돈도 줄 수 있게 되었다. 무엇보다 사회 구성원으로 역할을 하고 있다는 생각에 가슴이 뿌듯하다고 한 노인은 취재진에게 답했다. 감당할 수 있는 제대로 된 일자리가 노인들에게 제공되면 노인들은 기쁨으로 일하고 사회 일원이라는 자부심을 갖고 살아간다. 심리적으로나 육체적으로 건강할 수밖에 없다.[261]

청춘발산 협동조합 송명은 대표는 노인들의 돌봄 문제를 공동체와 함께 풀어보고 싶었다. 송 대표는 2015년 도시 재생사업이 시작되면서 마을에 모여든 청년들과 함께 소소한 일상에서 서로 도움을 주고받는 공동체 문화를 만드는데 노력하고 있다. 갑작스럽게 도움을 필요로 하는 어르신들을 도와드리고 외출 못하는 노인들을 위해 장도 봐다 드리고 말동무도 해 드렸다. 최근에는 '행복 보행 도움' 프로젝트를 통해 노인들이 다니기 힘든 턱과 계단을 개선하기도 했다. 송명은 대표는 "누군가를 돌본다는 생각이 아니라 그냥 함께 살아간다는 마음으로 서로 상생하면서 살다 보니 노인들이 활기를 많이 찾으셨고 재미있어 하셨다"면서 "이러면서 좀 더 건강한 삶을 여기서 같이 나눌 수 있지 않을까"라고 조심스럽게 그간 활동했던 소감을 밝혔다. 노인들을 마을 공동체 일원으로 받아들이고, 그들과 교류하면서 돕고 도움을 받는 상생의 지역공동체를 만드는 방법보다 더 좋은 고령화 대책은 없을 것이다. 가족·지인들과 함께 건강하고 행복하게 지내다가 살던 곳에서 마지막 숨을 내쉰다면 이것보다 복된 호상(好喪)은 없으리라.

우리는 고령이 되었을 때를 대비해서 '자신의 마지막'에 대한 그림을 미리 그려 놓을 필요가 있다. 독립 거동이 불가능해졌을 때, 현재 주어진 선택지는 실버타운의 너싱홈이나 요양병원밖에 없다. 이제 막 시작된 고령친화도시 만들기나 노인통합돌봄 시스템이 앞으로 더 잘 구축되고 정착되길 희망해 보자. 내가 살던 곳(

동네/집)에서 가족·이웃과 함께 여생을 보내다 떠나고 싶다는 많은 사람들의 염원이 성취되는 획기적인 변화가 일어나지 말라는 법은 없다. 고령인구가 급속도로 증가하는 현실 가운데 각자 준비하고 대비하는 한편, 앞으로 상황이 어떻게 바뀌고 무슨 일이 일어날지 호기심 가득한 눈으로 지켜보며 변화의 흐름을 끝까지 따라가 보자.

3. 다른 세대 배려하기

앞서(2장 고령화 사회, 1. 노인의 지갑) 밝혔듯이 은퇴 세대 내에서도 심한 소득 격차가 존재하고 있음에도 불구하고 노인 세대가 모든 세대 중에서 현재 재산을 가장 많이 보유하고 있다. 소비력 통계를 통해 구체적으로 알 수 있다. 고소득 국가에서 고령층이 연평균 3만 9000달러를 쓰는 반면 30~45세 사이는 2만 9500달러를 소비에 지출한다. 미국의 경우 2015년 기준으로 50세 이상이 소비한 금액이 5조 6000억 달러인데 비해 50세 이하는 4조 9000억 달러에 그쳤다. 미국 50세 이상의 연령층이 가계 자산의 83퍼센트를 소유하고 있다.[262]

한국도 사정은 비슷하다. 통계청 자료에 따르면 2023년 기준으로 가구주가 65세 이상인 가구의 평균 순자산은 4억 5540만 원으로 전년 대비 0.4퍼센트 증가했다. 전체 가구의 평균 순자산이 전년보다 4.5퍼센트 감소했음을 고려할 때 0.4퍼센트 증가는 수치로는 미미하지만, 놀랄만한 성과이다. 2020년 65세 이상과 30대의 순자산 차이가 9569만 원이었지만 2023년에는 1억 8240만 원까지 격차가 늘었다. 2024년 기준으로 65세 이상 가구의 순자산 규모는 2428조 원에 달한다. 3년 사이에 무려 870조 원이나 증가했다. [263)]

2023년 11월 LG경영연구원이 발표한 '향후 30년간 확대될 액티브 시니어의 소비파워' 보고서에 따르면 55~69세가 지출하는 소비 액수는 25~39세가 소비하는 금액 대비 0.9배로 15년 전 0.4배에서 두 배 이상 올랐다. 젊은 세대와 비교한 고령 세대의 소비력 증가 추이는 상당 기간 지속될 것이다. 고령 세대의 넉넉한 경제 형편에 주목한 기업들은 노인층의 지갑을 열기 위해 각종 아이디어를 짜내고 있다. 활발하게 살아가는 '액티브 시니어'를 염두에 둔 제품을 출시하고 그들이 원하는 서비스를 제공함으로써 매출액을 큰 폭으로 증가시키기 위해 노력 중이다. [264)]

'신중년'이라 불리는 이들은 남은 삶을 의미 있고 행복하게 지내려고 애쓴다. 자신을 위해 소비할 준비와 여건이 갖추어진 단군 이래 첫 세대이다. 대부분의 액티브 시니어들은 현역에서 은퇴했거나 재취업한 상태로, 사회 최전선에서 한 발을 뺀 상태이긴 하지만 한국의 역동적인 정치 현실 가운데서 얻은 식견과 사회 경험 그리고 인맥을 통해 막강한 영향력을 행사하고 있다. 그들은 1990년대 말에 국가부도 사태를 겪었고, 2001년 9·11테러, 2000년대 초반 카드대란, 2008년 세계 금융위기, 2020년 코로나 팬데믹 등 수많은 사건을 겪거나 그 후폭풍에 시달린 경험을 갖고 있다.

　지금까지 열심히 살아온 세대가 인생의 황혼기로 진입하고 있다. 그들은 자신을 위해 즐길 자격이 충분하다. 앞에서(1장 1. 고령화 현상) 살폈듯이 일부는 더 이상 노인이 아닌 '수퍼 에이지' 또는 '욜드'(YOLD, Young Old)로 인생의 세 번째 시기를 즐기며 보내고 있다. 하지만 고령화라는 쓰나미가 전 세계를 강타하고 있는 상황에서 현실은 액티브 시니어들이 자신만 생각하며 즐기도록 호락호락 내버려두지 않는다. 경제가 성숙단계를 거쳐 내리막길로 접어들고 양극화 현상이 구조화된 한국의 경우에 '정년 연장', '연금 개혁' 등이 주요 현안으로 떠오를 때마다 젊은 세대는 장년층 또는 시니어 세대에 비난의 화살을 돌린다.[265] 나눌 파이가 줄어든 상황에서 노년 세대가 많은 것을 선점하고 있다고 젊은 세대는 판단한다. 청년 세대의 불만이 증폭된 데에는 갈등을 해소해야 할 정치권이 오히려 세대 간 반목을 이용해 표를 얻는 수단으로 활용한 탓도 없지 않다.[266]

> "삶은 증여인 동시에 채무다. 신께서 우리에게 내리는 부조리한 선물이자 우리가 이웃에게 진 빚이다. … 삶의 빚은 … 감사한 마음으로 인정하고 후손에게 똑같이 베풂으로 갚아야 할 것이다."

　프랑스의 철학자 파스칼 브뤼크네르의 말이다.[267] 노년 세대는 살아온 연륜 덕분에 신중함, 배려심, 판단력 측면에서 젊은 세대보다 훨씬 뛰어나다.

"큰 일은 육체의 힘이나 재빠름이나 기민함이 아니라, 사려
깊음과 영향력과 판단력에 의해 행하여진다네. 노년이 되면
이러한 특징들이 빈약해지는 것이 아니라 오히려 더 풍부해
진다네." [268]

시니어 계층은 자식을 길러보고 손주까지 돌본 경험을 좀 더 확
장할 필요가 있다. '인간은 사회적 동물'이라는 아리스토텔레스의
경구를 기억하면서 다른 세대들의 형편에 대해 좀 더 관심을 가
져야 한다.

저출산 현상은 어쩌면 젊은 세대의 합리적인 생존전략일 수 있
다. 늦춰진 사회 진입(30대 초반에 첫 직장 입사), 빨라진 메인 직장 은퇴
(50대 초반)로 인한 생애 소득 감소, 길어진 노후, 감당하기 불가능할
정도로 높은 수도권 부동산 가격, 전국 업무시설 총면적의 45퍼
센트가 서울에 몰려있는 반면, 주택 용지는 적어 매일 170만 명이
경기도에서 서울로 통근·통학하는 현실(직장인 평균 출퇴근 시간은 101.1
분), 고물가 현상 등을 고려할 때 맞벌이는 필수적이며 출산과 육
아의 짐을 지고는 생존하기가 불가능하다는 판단의 결과로 저출
산 현상이 나타난 것이라고, 부동산 전문 애널리스트 출신의 커
넥티드그라운드 대표 채상욱은 설명한다. [269] 노년 세대는 인생의
지난(至難)한 굴곡을 겪은, 마치 울퉁불퉁한 옹이와 구불구불한 가
지로 뒤덮인 거목 같은 존재이다. 시니어 세대는 이제 막 심어진

묘목 같은, 열심히 살려고 애쓰는 청년 세대뿐 아니라 장년 세대까지도 애정의 눈길로 바라봐야 한다. 사회학적 관점에서 그들은 미래의 '나'(노년 세대)이다. '나'의 분신인 셈이다. 그들이 있어야 '나'의 사회적 유전자가 보존된다.

꼭 물질이 아니더라도 젊은 세대 또는 주위와 나눌 수 있는 게 없는지, 조그만 일이라도 도움이 될 수 있는 것은 무엇인지 살피면서, 이웃과 지역사회에 좀 더 관심을 갖자. 노년은 여유롭다. 차근차근 생각할 수 있다. 이익에 얽매이지 않고 한발 물러나 바라보고 판단함으로써 현명한 결정을 내릴 수 있다.

> "자기 나이에 어울리는 정신을 갖지 못한 사람은 노년에 모든 것이 불편하다."[270]

아르투르 쇼펜하우어(1788~1860)가 『인생론』에서 볼테르를 인용하며 한 말이다. 자기 수양이 덜 된 사람은 나이 들었을 때 마음이 불편해지는 경우를 많이 겪게 된다. '자신이 무시당하고 있지는 않나?' 괜한 피해의식에 사로잡힐 수도 있고, 주위 사람들의 눈에 거슬리는 행동이나 못마땅한 말투나 표현으로 인해 마음의 상처를 받기 십상이다. 한편으로 주눅 들어 의기소침하거나 다른 한편으로 역정을 내거나 횡포를 부리며 불편한 속내를 드러내곤 한다. 이 증세가 심해지면 앞에서(1장 나이 듦, 4. 품위 있는 노년) 지적한 바와 같이 '노년'이라는 병에 걸린 것이다.

건강한 액티브 시니어란 어떤 모습이어야 할까? 그/그녀는 살

만큼 살았기 때문에 무엇에 집착하거나 연연함 없이 자유롭게 선택하고 지혜로운 결정을 내릴 수 있다. 젊은이들보다 더 과감하게 앞으로 나아갈 수 있다. 혜안으로 참과 거짓을 구분할 수 있기 때문이다. 호기심을 잃지 않고 앞을 내다보며 역동적으로 사는 것, 그것이 바로 노년에 가져야 할 이상적 태도이다.

'고령 세대가 우리에게 기대어 무위도식한다'는 느낌을 젊은 세대가 받는다면 이것은 사회 전체적으로 크나큰 불행이다. 서로를 이해하려는 노력과 허심탄회한 대화가 필요하다. 이 중차대한 일을 정치가에게만 맡겨서는 안 된다. 그들 ―대부분은― 종국에 '당선'만을 생각하기 때문이다. 액티브 시니어 각자는 자신을 임명장 받은 대사라고 생각하고, 일상에서 기회가 주어지는 대로 대화와 소통이라는 수단을 통해 다른 세대를 이해하려는 노력을 기울여야 한다. 어느 정도의 기득권을 내려놓을 각오로 임해야 한다. 장수(長壽)가 또 다른 사회 문제의 원인이 아니라 누구에게나 축복이 되기 위해서는 '나이 든 자' 전체의 노력과 결단이 요구된다. 이것은 오늘 '우리'(나이 든 자)에게 주어진 과제이자 도전이다. ―필자를 포함한― 액티브 시니어들의 어깨가 무겁다. "축하한다." 노년에 할 일이 있다는 것은 축복이다. [271] 시행착오를 겪고, 좌절을 맛볼 수도 있다. 그러나 낙심하지 말자.

"인간은 노력하는 동안엔 방황하는 법이니까."[272]

3장
죽음

1. 죽음이란 무엇일까?

죽음에 대해 제대로 말할 수 있는 사람은 아무도 없다. [273] 생이 끝나는 경험을 제대로 해 본 사람이 없기 때문이다. 임사(臨死), 근사(近死) 체험 운운하면서 사망 후에도 얼마간 의식이 지속된다고 말하는 이들이 있다. [274] 플라톤의 『국가』에도 전쟁터에서 죽은 '에르'라는 남자가 화장할 때 깨어나 저승에서 본 것들을 이야기해 주는 에피소드가 나온다. 그의 혼이 육신을 벗어나 다른 혼들과 함께 여행하여 신비한 곳에 다다른다. 거기서 심판자들에게 심판을 받고 의인들은 윗길로, 불의한 자들은 아랫길로 나뉘어 여행을 계속한다는 내용이다. [275] 심장정지 상태에서 소생한 사람의 4~18 퍼센트가 임사체험을 한다는 주장도 있다. [276] 죽음이란 돌아올 수 없는 강을 건넌 사건인데, 결과적으로 산 자들이 경험한 것을 가지고 죽음 체험이라고 주장할 수 있을지 의문이다.

생명체는 탄생하여 성장하고 때가 되면 노화 과정을 거쳐 사멸한다. 이는 만고불변의 진리이다. 생명에는 죽음이 내재되어 있는 셈이다. 서아프리카 하우사족에게는 다음과 같은 민담이 전해져 내려온다.

"노인 둘이 먼 길을 가다가 지쳐서 물을 찾기 시작했다. 마른 강바닥을 거슬러 올라가 마침내 물이 흘러나오는 샘을 찾아냈다. 샘 옆에는 젊은이가 앉아 있었다. 물을 마셔도 되냐고 두 노인이 묻자 젊은이는 이곳 관습이라며 나이 많은 분이 먼저 드시라고 했다. 한 노인이 자기는 삶이라며 내가 나이를 더 먹었다고 말했다. 그러자 다른 노인이 자기는 죽음인데 내 나이가 더 많다고 대꾸했다. 삶은 "아니오, 삶이 없으면 죽음도 없으므로 내가 먼저"라고 말했다. 그러자 죽음은 "삶이 탄생하기 전에 죽음이 있었소"라고 말하며 자신이 위라고 설명했다. 말다툼이 끝나지 않자 두 노인은 젊은이에게 누가 더 연장자인지 결정해달라고 부탁했다. 젊은이는 이편을 들면 저쪽이 노할 것 같아서, "죽음이 없으면 삶이 있을 수 없고, 삶이 없으면 죽음이 있을 수 없으므로 두 분 말이 다 맞다"고 대답했다. 그리고는 "두 분은 동갑이니 함께 물을 드시라"고 권했다. 결국 두 노인은 함께 물을 마셨다."[277]

그렇다. 삶과 죽음은 서로 떨어질 수 없는 동전의 양면 같은 존재이다. 삶과 죽음은 동갑내기이다. 죽음은 죽음 자체로 존재할 수 없고 항상 삶과 연계되어 있다. 순환론의 입장을 가지고도 삶과 죽음에 대해 설명할 수 있다. 지구상의 원자와 분자는 순환한다. 따라서 오랜 생명체가 죽지 않으면 새로운 생명체는 성장할 수 없다. 이것이 자연법칙이다.[278] 삶은 죽음을 전제하고 죽음은 삶의 결과이다.

볼프 에를브루흐가 쓴 동화책『커다란 질문』은 제목이 말해주듯 묻고 대답하는 형식으로 내용이 펼쳐진다. 세상에 존재하는 모든 것이 "내가 이 세상에 왜 있냐"고 질문을 던지면 답변이 따라나온다. 예를 들어 새가 "나는 세상에 왜 태어났어?" 물으면 "너는 지저귀기 위해 태어났지"라는 답이 돌아온다. "죽음은 왜 태어난 거야?"라는 질문에 대해 작가는 다음과 같이 썼다.

"넌 삶을 사랑하기 위해 태어난 거란다."[279]

죽지 않는다면 어떻게 될지 초등학교 5학년 아이에게 물었더니 아래와 같이 대답했다.

"내가 영원히 산다면 이 하루를 어떻게 살지 모르잖아요. 어차피 내일 또 살건데 그리고 1년 후에도 또 그다음에도 계속 … 그러면 하루가 허무하게 느껴질 것 같아요."

죽음이 없다면 삶이 허무할 것 같다는 초등학생의 대답은 동화책 『커다란 질문』에서 '죽음은 삶을 사랑하기 위해 태어났다'는 설명과 맥을 같이 한다. 죽음은 삶의 유한성을 일깨워 준다. 덕분에 삶의 소중함이 부각된다. 죽음은 삶을 사랑하게 만든다.

좋은 영양 섭취와 넘치는 건강 정보, 의학 및 피부관리 기술의 발달로 말미암아 현대인들은 예전보다 훨씬 활기차고 젊게 살아간다. 현대 과학은 110세 이상 장수하는 초백세인(수퍼센티네리언, Supercentenarian) 시대 도래를 위한 도전장을 내밀었다. 줄기세포에서 미니 장기(오가노이드)를 만들어 손상된 장기를 대신하거나, 동물에서 키워낸 장기를 이식하는 기술 개발에도 박차를 가하고 있다.

인공혈액으로 응급 질환에 대처하고, 장수하는 동물 대상의 연구를 통해 수명 연장을 꾀하려 노력 중이다. 심지어 노화를 "죽음에 이르게 할 수 있는 심혈관 질환, 암, 치매 등을 일으키는 '질환의 어머니'"(니르 바르질라이 앨버트 아인슈타인대 노화연구소장)로 규정하고 노화 예방에 전력을 다하고 있다. [280] 그 결과 노화 현상에 대해 점점 더 많은 지식이 쌓이고 있다. 하지만 아직 과학은 노화를 완전히 멈출 수 있는 방법을 찾아내지 못했다. 발생학, 면역학, 유전학, 신경생물학 등 여러 분야에서 많은 연구가 진행되면서 간혹 장수에 도움되는 획기적인 결과들이 밝혀지곤 하지만 말이다. [281]

재미있는 사실은 의사들이 사망진단서에 사망 원인을 기입할 때, 좀처럼 '노화'라는 표현을 사용하지 않는다는 점이다. 근원적 원인은 노환임에도 불구하고, 의사들은 사망 원인으로 흔히 질병 이름을 적는다. 사인(死因) 리스트에서 심혈관계 질환과 암 이름이 제일 많이 발견된다. 건강하게 살다가 갑자기 돌아가신 백세인을 부검해 보면, 심장 대동맥이 파열된 경우가 상당히 많다. [282] 쉼 없이 박동하는 심장과 보조를 맞추며 혈액을 전신으로 보내는 데 일등공신 역할을 한 대동맥이 피로 현상을 이기지 못한 결과이다. 이 경우에도 의사는 사망진단서에 "세월 앞에 장사 없다"고 쓰지 않고, 노화의 결과로 발생한 현상("대동맥 파열")을 적는다. 따라서 '사람은 결코 늙어 죽지 않고 병으로 죽는다'는 말도 가능하다.

오늘날 길어진 것은 어쩌면 젊음이 아니라 노년이 아닐까? 생이 길어질수록 노화에 대한 두려움이 커진다. 현재 인류는 "노화에 대한 공포와 기적을 갈구하는 미친 희망 사이에"서[283] 오락가락 중이다. 냉정하게 현실을 직시해야 한다. 적절한 영양공급과 운동 그리고 의학적 처방을 통해 노화를 약간 늦출 수 있고 손상을 최소화할 수 있지만, 결코 생의 마지막을 피할 수는 없다. 나이들수록 현실적이 되어야 한다. 보수적으로 판단해야 한다. 실패하면 만회할 기회가 주어지지 않기 때문이다. '꿈은 젊은이의 특권'이다. 노년기에 접어들수록 허황되거나 헛된 희망을 품기보다 냉철하게 사고해야 한다. 꿈을 꿀 여유가 없다. 노년 세대는 각자의 여력이 어느 정도이고 최대한 할 수 있는 범위가 어떻게 되는지 정확하게 알고 있어야 한다.

> "나는 지금 나이 40인데, 40년이라면 이미 인간의 전 생애라고 할 수 있다. 그야말로 굉장한 노령이다. 40년 이상이나 산다는 건 염치를 모르는 비열한 짓이며 추악하기 짝이 없는 짓이다. … 바보와 무뢰한만이 40년 이상이나 산다."[284]

지금으로부터 약 150년 전(1864) 도스토옙스키(1821~1881)가 쓴 글이다. 당시 40년 이상 산 것을 두고 세계문학사상 가장 위대한 소설가 중 한 사람인 그는 작품을 통해 '염치를 모르는 비열한 짓'을 저질렀다고 자책한다. 본서를 읽는 독자들 가운데 나이 마흔 이상이 많을 것이다! 필자를 포함해 중년을 넘긴 이들은 —도스토옙스키의 표현대로라면— 추악하기 짝이 없는 짓을 저지를 만큼 오래 산 셈이다. 이제 충분히 살았으니, 의미 있고 활기찬 여생을 보내겠다는 바람 하나면 충분하지 않을까?

도스토옙스키와 동시대를 살다 간 러시아 작가 톨스토이 (1828~1910)는 '살면서 죽음을 기억하라'는 글에서 유한한 인간이 현명하게 살아가는 해법을 제시했다. [285)

"타오르는 촛불이 초를 녹이듯
(중략)
육체가 영혼의 불꽃에
완전히 타버리면 죽음이 찾아온다.
삶이 선하다면 죽음 역시 선하다.
죽음이 없다면 삶도 없기 때문이다.

(중략)

조만간 우리 모두에게
죽음이 찾아오리라는 사실은 누구나 알고 있다.
잠잘 준비, 겨울날 준비는 하면서
죽을 준비를 하지 않는 까닭은 무엇인가.

올바로 살지 못하며
삶의 법을 깨뜨린 사람만이
죽음을 두려워한다.

죽음에 대해 너무 많이 생각할 필요는 없다.

살면서 죽음을 기억하면 된다.

그렇게 하면 삶은 진지하고 즐거우리라."

죽음을 염두에 두고 마지막을 준비하며 산다면, 오히려 삶이 의미 있게 되고 즐겁기까지 할 것이라고 톨스토이는 설명한다. 그는 죽음이 삶을 짓누르는 것이 아니라 오히려 삶을 가치 있게 만든다는 소중한 성찰을 우리에게 전하고 있다.

말년에 이를수록 우리 몸은 점점 쇠약해질 것이다. 결국 타인의 도움을 받으며 마지막 때를 보내다가 세상을 하직할 것이다. 부디 긴 병치레 없이 맑은 정신으로 임종을 맞기를 소망하자. 모든 생명체는 '죽음'이라는 종착역을 향해 달리는 열차인 셈이다. "육체가 … 타버리면 죽음이 찾아온다. … 죽음 역시 선하다"는 톨스토이의 통찰을 잊지 말자.

2. 죽음에 대한 공포

1970~1980년대, 골목을 지나다 보면 집 앞에 조등(弔燈)이 걸려 있는 광경을 심심치 않게 목격할 수 있었다. 앞서 밝혔듯이(2장 고령화 사회, 2. 노후의 거주 형태, 4) 집) 제2차 세계대전이 끝날 무렵 대부분의 미국 사람은 집에서 임종을 맞았다. 1980년대가 되자 그 비율이 17퍼센트로 뚝 떨어졌다. 이제는 '핵개인' 시대의 도래로[286] 장례조차 병원이나 전문 시설에서 간소하게 치러지다 보니 죽음이

더욱 삶 주변부로 밀려난 듯한 느낌을 받는다. 물질적 풍요와 의학 발달 덕분에 여생은 늘어났고 목숨은 질겨졌다. 대부분 사람들이 고령의 나이에 세상을 하직한다. 젊은층은 —친가·외가 할아버지·할머니 경우를 제외하면— '죽음'과 마주칠 일이 거의 없다. 예전에는 부고를 받으면 반드시 가는 것이 예의였는데, '바쁘다는 핑계'에 피차 익숙해졌다. 코로나19 팬데믹 2년간 조문객 없이 장례를 치른 탓일까, 부조금 보내는 것으로 문상을 대신하는 경우가 부쩍 늘고 있다. 이래저래 '죽음'은 현대인들에게 낯선 것이 되어가며, 거기에 비례해 죽음에 대한 공포감도 커졌다.

톨스토이의 소설(『이반 일리치의 죽음』)에 등장하는 주인공 이반 일리치는 "상쾌하고 유쾌하고 고상"한[287] 삶을 추구하는 인물이었다. 그는 판사로서 공사 구별을 분명히 하는 한편, 사람들과도 원만한 관계를 유지했다. 가끔은 친구들을 불러 트럼프 놀이판도 벌이고, 괜찮은 지위에 있는 사람들을 초청해 조촐한 만찬회를 여는 등 그의 일상은 전반적으로 순조롭게 흘러갔다. 하지만 옆구리 타박상으로 통증이 시작되면서 이반 일리치는 결국 병석에 누워야 했다. 병세가 심해져 그는 죽음이 얼마 남지 않았다는 사실을 인정해야 하는 지경에 이르렀다. 이반 일리치는 자신의 죽음에 익숙지 않았고, 이를 어떻게 받아들이고 이해해야 할지 몰라 절망 속을 헤맨다.[288] 법을 지키며 살았는데 왜 죽어야 하는지 그 이유에 대해 고심하다가 '절대로 죽음을 인정할 수 없다'고 외치기도 한다. 결국에는 "설명할 방법이 없다! 고통, 죽음 … 무엇 때문인가?"[289] 절규하다가 "죽기는 싫다"는[290] 고함을 끝으로 마흔다

섯의[291] 생을 마감한다.

갑자기 들이닥친 죽음 앞에서 이반 일리치는 공황 상태에 빠져 어찌할 바를 모른다. 톨스토이는 지금으로부터 대략 140년 전인 1886년에 이 소설을 썼다. 오늘날 대다수는 일리치보다 더 늦은 나이에 세상을 하직한다. 한국인 평균 수명은 2021년 기준 83.6세이므로[292] 대략 이반 일리치보다 40년가량 오래 사는 셈이다. 자 이제 자문해 보자.

"과연 나는 일리치보다 죽음을 잘 맞이할 준비가 되어 있는 가?"

죽음은 살아있는 인간에게 '낯선 것', 생각하고 싶지 않은 그 '무 엇'이다. 죽음 앞에서 삶은 초라해진다. 이반 일리치가 자기 죽음 의 원인에 대해 캐내기 시작하자 과거에 "즐겁게 생각되던 모든 일이 … 보잘것없고 지저분한 것으로 변해버리고 말았다." "즐거 움은 … 시시한 것이 되고, 점점 의심스러운 것이 되었다."[293] 법 률 학교를 졸업한 후 이반 일리치는 빠르게 승진하여 상당한 연봉 을 받는 항소 법원 판사가 되었다. 일리치는 "언덕길을 올라가고 있다고 생각"했다. 하지만 죽음의 문전에서 되돌아보니 "실제적 으로는 규칙적으로 언덕을 내려오고 있었다. … 사회적으로 보자 면 … 언덕을 올라가고 있었음에 틀림이 없"었지만 "그와 반비례 해서 생명이 발밑에서 도망쳐 가 버"렸다. 죽음 앞에서 자신의 인 생은 "더럽고 … 무의미"한 것으로 판명났다.

사신(死神) 앞에서 두려움에 사로잡히지 않을 사람은 하나도 없다고 해도 과언이 아니다. 하지만 과거 사람들은 죽음을 삶의 일부로 여긴 탓에 죽음에 대한 공포가 덜했다. 장례는 한 집안의 일일 뿐 아니라, 마을 전체의 일이기도 했다. 사람이 죽으면 이웃들도 팔을 걷고 나서서 장례가 잘 치러지도록 도왔다. 고인은 자신이 살던 집에서 그리고 자식들이 지켜보는 가운데 마지막 숨을 거뒀다. 장례는 상당히 오랫동안 진행되었다. 외지에 사는 친척과 친구들이 찾아와 고인의 명복을 빌었다. 망자의 유덕(遺德)과 관련되기에 상주는 음식을 푸짐하게 마련했다. 문상객들은 될 수 있는 한 오래 머물렀다. 고인과 관련된 추억거리를 끄집어내 덕담을 나누고 서로의 근황을 물으며 시간을 보냈다. 고인이 외롭지 않도록 밤에도 상제(喪制)들이 교대로 빈소를 지켰다. 상가(喪家)는 망자를 추모하고 천수를 누린 고인의 삶을 기리는 자리였다. 고인은 이승의 생을 마감하고 저승의 조상들에게로 돌아가려 한다. 유족들은 별리(別離)의 눈물을 흘린다. 함께 한 문상객들은 망자에 대한 사랑과 감사의 마음을 슬퍼하는 유족들에게 대신 전한다. 유족은 기일 내내 모든 장례 순서가 차질 없이 진행될 수 있도록 만전을 기했다. 때로 문상 와서 슬퍼하고 고인에게 경의를 표한 사람들을 생각하며 행복감에 사로잡히기도 했다.

시신은 근처 선영이나 마을 묘지에 안치했다. 효가 중요한 가치 중 하나였던 유교 사회에서 살아생전 어르신은 존경의 대상으로 대접받았다. 죽어서는 조상신으로 숭배의 대상이 된다. 장례식은 공경의 대상이 숭배의 대상으로 바뀜을 내외에 천명하는 '전환 의식'인 셈이다. 그러므로 장례는 망자에게나 남은 사람들에게나 기쁨의 순간이 될 수 있다. 그들도 곧 신적 존재가 되어 후세로부터 숭앙을 받을 테니.[294]

상을 당하면 유족들은 망자의 혼백을 데리러 온 저승사자에게 대접할 사잣밥을 만들고 부고를 찍어 돌리는 것부터 시작해서 정해진 상례 절차에 따라 장사(葬事)를 진행했다. 초혼제, 유체 수습, 시신 씻기, 미리 준비한 수의를 입혀 염습하기, 입관, 상복을 차려 입고 성복제를 드리고 상여짜기, 경놀이,[295] 발인제, 하관, 성분(成墳), 초우제[296], 상청[297]에 신주 모시기 등 복잡하지만 저마다 의미가 담긴 예법을 순서에 따라 거행했다. 장례 마지막 날, 시신을 모신 영구는 망자의 숨결이 아직 묻어있는 안방, 건넛방, 외양간, 곡간을 지나 사립문 밖으로 이동된다. 거기서 '고인이 생전의 이웃들에게 마지막 정표로 음식을 대접한다'는 의미로 새 음식으로 차려진 노제가 진행된다. 헤어질 준비가 본격적으로 진행되는 셈이다. 상여 행렬이 천천히 동네를 빠져나오는 동안 사람들은 이별의 고통과 인생무상 회한이 담긴 상여 소리꾼의 사설을 듣는다. 모두의 마음이 뭉클해진다. 인생, 삶과 죽음의 의미에 대해 진지하게 생각하도록 만든다.

"저승길이 멀다더니 대문 밖이 저승일세."
"이팔청춘 소년들아 백발 보고 웃지 마라. 부귀영화 일장춘
몽 흐른 물에 부평초라."
"팔십 평생 꽃 세월이 바람 같이 흘러간다."[298]

아이들은 '동네 행사'격인 장례에 익숙했다. 상여 앞에서 만장을 들고 운구행렬에 참여할 수 있었다. 그들은 죽음에 대해 정확하게 설명할 수는 없었지만 직관적으로 무슨 의미인지 자연스럽게 체득했다. 자기 집에서 상이 발생했을 경우, 아이는 장례 전 과정을 지켜보면서 조부모가 저렇게 세상을 하직했으니 다음은 자신이 부모를 같은 식으로 보내드릴 것이고, 종국에는 자신도 후손에 의해 땅에 묻힐 것이라는 사실을 깨닫게 된다. 평민들은 마을에서 공동으로 구입한 상여를 이용했다. 동네마다 상여와 상구(喪具)를 보관하는 별채가 존재했다. 아이들은 그곳에 무엇이 있는지 잘 알고 있었다. 전통사회 사람들은, 한쪽에서는 유아들이 태어나고 다른 쪽에서는 노인이 죽는 생과 사가 삶의 일부라는 사실을 자연스럽게 터득했다. 그들에게 죽음은 ―마을에 상여 보관 별채가 있듯이― 친숙한 것이다. 모두는 알게 모르게 죽음을 맞이할 준비를 하고 살아간 셈이다.

서양 이야기를 잠깐 하자. 고대 로마 이래 사람들은 '메멘토 모리'(memento mori, 죽음을 기억하라)를 되뇌이며 인생의 덧없음, 죽음의 필연성을 잊지 않으려고 애썼다. 중세 시대의 문학 장르 아르스 모리엔디(Ars Moriendi, The Art of Dying, 죽는 방법)는 줄곧 사람들로부터 주목을 받았다. 인생무상에 대해 논하고 생의 마지막에 대해 철저하게 파헤친 작품들 덕분에 죽음에 잘 대비할 뿐 아니라 죽음을 삶의 일부로 여기고 죽음과 함께 살아가는 중세인의 태도가 자연스럽게 형성되었다.[299] 16~17세기 네덜란드 화가들은 해골을 정물화 한 가운데 배치함으로써 인생의 공허함(라틴어 '바니타스' banitas, '

공허한')을 강조하는 바니타스 화풍을 창조했다.

과거 사람들은 현대인보다 친숙하게 죽음과 접했고 익숙하게 죽음을 받아들였다. 가족들도 '어떻게 경의를 표하며 돌아가시는 분을 위해 최선을 다할지' 그 방법을 잘 알고 있었다. 보내는 자나 지켜보는 이들 모두 마지막 순간에 서로를 용서하고 화해하면서 일종의 축제처럼[300] 망자와 이별했다. 나름대로 의미 있고 품격을 갖춘 의례(儀禮)를 통해 고인을 떠나보낸 셈이다.

정부는 1973년에 제정한 〈가정의례준칙에 관한 법률〉을 통해 호화롭거나 사치한 가정의례를 금했다. 당시는 5일 장(葬) 이상이 일반적이었고 매장(埋葬)이 대세였다. 지금은 3일 장에, 매장이 아니라 화장 후 유골을 납골당에 주로 모신다. 최근에는 초목장과 산분장(散粉葬)도 가능해졌다.[301] 급속한 현대화 과정을 거치면서 성과를 내고 효율성 제고가 무엇보다 중요해진 상황에서 많은 사람들은 전통적인 관혼상제 의식이나 번거로운 절차에 얽매이고 싶어 하지 않는다. 당연한 반응이다. 이제는 핸드폰을 통해 디지털 부고장을 받는다. 2005년 조사 분석에서 이미 대다수가 병원 장례식장(68.8%)이나 전문 장례식장(20.7%)에서 장례를 치르는 것으로 밝혀졌다. 집(6.9%)이나 종교기관(3.6%) 비율은 미미했다.[302]

현대 기술사회는 삶과 죽음을 분리시킨다. 삶을 전면에 내세우고 죽음은 기억의 어두운 창고 한편으로 밀어 넣었다. 다시 말하지만, 이제 조등(弔燈)은 일반 주택가에서 찾아보기 힘든 상구(喪具)가 되었다. 상주가 머리에 쓰는 굴건, 애도 차원에서 곡을 하거나 유족들이 부모 잃은 슬픔을 못 이겨 울부짖는 모습은 좀처럼 접하기 힘들다. 대신 상조회사들의 서비스 광고나 납골당이나 추모 공원 광고가 지면과 화면에 차고 넘친다. 드라마나 영화는 대형 병원 영안실이나 고급스럽게 건축된 시설에서 고인을 추모하는 모습을 시청자들에게 보여준다. 현 자본주의 체제는 죽음이 가진 어두운 이미지를 감추는 대신, 산뜻하고 감성적인 면을 부각시킴으로써 장례 일체를 마케팅 대상으로 삼는다. 사람들은 회사나 병원이 제공되는 서비스와 시설을 선택하여 간편하게 장례 치르는 데 익숙해졌다. 이제 이웃의 도움은 필요 없다. 부의금만 넉넉하게 들어오면 된다!

쉬운 선택과 상업적 서비스에 의해 진행된 상례는 결과적으로 관혼상제의 질을 통과의례적 수준으로 하락시켰다. 과거에는 협력해서 장례를 준비하고 거행함으로써 충분한 애도가 가능했다. 남은 자들의 마음속에 후일 저세상에서 고인과 재회할 것이라는 기대감이 확실하게 자리 잡았다. 긴 장례 절차 과정을 통해 '앞으로 고인 없이 살아야 한다'는 마음의 준비를 충분히 할 수 있었다. 오늘날은 너무 쉽게 고인을 보낸 탓에 여러 문제가 발생한다. 고인을 떠나보낼 준비가 미처 안 된 상태에서 고인과 이별한 결과, 삶이 생사를 넘어 통합되어 있다는 의식이 불분명해졌다. 고인이 떠난 빈자리를 어떻게 '채울지' 또는 '대신할지'를 놓고 남은 자들 사이에서 종종 갈등과 불화가 발생한다. 가족의 울타리 역할을 하는 '어른', 그 공통분모의 상실로 인해 관계나 결속이 점차 소원해진다. 전체적으로 초월적 가치에 대한 인식 부족, 공동체 해체, 관계망의 이완 등으로 대표되는 '삶의 빈궁화' 현상이 가속화된다.

누구의 탓으로 돌릴 수는 없지만 삶에서 죽음이 분리되는 현상에 대해서 주의를 기울일 필요가 있다. 죽음은 아이 울음을 그치게 하려는 용도로("어비 무서워라 범 온다") 사용했던 범과 같은 존재가 아니라, 일상으로 불러들여야 할 반려동물이다. 죽음을 삶의 일부로 받아들인 옛사람의 지혜를 다시 배울 시점이다.

노인들이 실제 두려워하는 것은 죽음이 아니라, 익숙한 환경이나 사람들과 이별하는 것이라는 지적도 있다.[303] 상당히 설득력 있는 의견이다. 내세를 믿지 않는 자에게 죽음이란 '나'라는 존재의 최후/소멸을 의미한다. 마음 훈련이 잘된 사람들은 "생로병사가 당연하다"는 입장으로 의연하게 죽음을 맞이할 것이다. 사후 세계를 인정하는 신앙인이라면 한결 죽음을 쉽게 받아들일 수 있다. 죽음은 생의 마지막이 아니라 또 다른 삶의 시작인 셈이므로. 이생을 떠나는 것을 앞문을 열기 위해 뒷문을 닫는 행위로 이해할 수 있다. 초등학교 6년 과정을 마친 아이는 중학교 1학년 몇 반에 배정받는다. 익숙한 환경, 친구들과 헤어져 새롭게 출발해야 한다.

내세를 받아들이지 않는 이들은 새로운 시작에 대해 걱정할 필요가 없다. 새로운 시작이 없기 때문이다. 떠나는 것은 아쉽지만(죽음은 두렵지만) 어쩔 수 없다. 한편 죽음 이후 다른 생이 이어진다고 믿는 자는 새롭게 시작한다는 설렘으로 이별의 아쉬움을 충분히 극복할 수 있으리라.

생명체에게 죽음은 당혹스러움 그 자체이다. 살아온 날이 우리 뒤에 쌓일수록 죽음은 앞으로 가까이 다가온다. 그럼에도 나이를 먹더라도 심각하게 죽음을 생각하는 사람은 정작 많지 않다. 어쩌면 죽음이 두려워 의식적으로 피하는 것일 수도 있다. 죽음이 낯선 나머지, 현대인들은 죽음을 삶에서 격리하려 한다. 납골당이 혐오시설이듯 죽음은 그들에게 혐오의 대상이다. 옛사람들에게 삶과 죽음은 서로 연결되어 있었다. 의외성, 불확실성이 지배하는 삶이었기 때문에 죽음은 늘 그들 가까이에 있었다. 산 자들은 '죽음을 잊지 말라'는 의미에서 '메멘토 모리'(memento mori, 라틴어 '죽음을 기억하라')를 읊조리며 살았다. 반면에 죽음과 담을 쌓고 살면서, 죽음을 삶에서 추방한 현대인은 전혀 준비되지 않은 상태에서 죽음을 맞이할 가능성이 크다. 옛날 노인들은 집에서 임종을 맞이했고, 세상을 떠나기 전에 가족들을 불러 모아 유언을 남겼다. 슬퍼하고 애도하는 자식들 보는 앞에서 마지막 숨을 내쉬었다. 많은 현대인은 집중 치료실에서 외부인 출입이 제한된 상태에서 외롭게 죽어간다. 죽음을 맞이할 준비가 안 된 채로.[304]

죽음을 진지하게 받아들이고 남은 삶을 더 잘 보내기 위해 필자는 독자들에게 웰다잉(Well-dying)에 관한 강의를 들어볼 것을 권한다. 임종체험도 해 보고 유서도 미리 작성하고 연명치료를 할지 말지에 대해서 고민해 보는 것도 죽음에 대비하고 죽음의 공포에서 벗어날 방법 중 하나이다.[305]

"죽음을 대수롭게 여기지 않기 위하여 젊은 시절부터 그렇게 생각되어야만 한다네. 이러한 생각 없이 누구도 평온한 마음을 가질 수 없다네. 죽는다는 사실은 확실하며 바로 오

늘 죽을지도 모르기 때문이지. 어느 때도 목전에 있을 수 있
는 죽음을 두려워하는 자가 어떻게 마음을 굳게 지닐 수 있
겠는가?"[306]

키케로의 설명처럼 이제부터라도 죽음을 두려워하지 않도록
각자 훈련하자. 죽음이 다가온다는 사실에 두려워할 필요가 없
다. 오히려 가까워지는 죽음 덕분에 우리는 현재가 얼마나 값진
것인지, 오늘 사람과의 만남 그리고 자연과 사물을 바라보며 느
낀 감정들이 얼마나 소중한 것인지 깨닫게 된다. 삶과 죽음은 샴
쌍둥이다. 죽음 덕분에 —특별히— 노년의 매일매일은 더욱 값진
것으로 거듭날 수 있다. 톨스토이는 '메멘토 모리, 죽음을 기억하
라'에서 이렇게 설명한다.[307]

"우리 모두 언젠가 죽게 된다는 사실을 기억한다면
삶은 전혀 다른 의미를 가지리라.
30분 후에 죽을 거라고 생각하는 사람은
어리석은 행동을 하지 않는다.

탄생에서 죽음에 이르는 인간의 삶을 보면
아침에 일어나서 저녁에 잠자리에 드는 하루의 일과와 같다.

생각은 우리를 자유롭게 한다.
하지만 다시 생각해 보니

우리를 가장 자유롭게 하는 것은 죽음이다."

3. 존엄한 최후

65세 이상의 노인 또는 장애인을 대상으로 건강보험을 제공하는 메디케어(Medicare)는 1965년 린든 존슨 대통령 때 본격 출범한 미국 공공 의료보험 제도이다. 2022년 메디케어는 9000억 달러를 지출했다. 이는 미국 총생산(GDP)의 4퍼센트에 가까운 액수이다. 많은 베이비붐 세내가 수급대상에 포함됨에 따라 2046년 메디케어의 지출액은 GDP의 6퍼센트까지 상승할 것으로 예상된다.[308] 메디케어는 효율적 재정 운영 및 비용 절감이라는 과제를 안고 있다. 하지만 수급자가 주로 노인인 까닭에 쉽지 않다. 일례로 메디케어 연간 지출 4분의 1이 생의 마지막 1년을 남겨놓은 환자에게 투입되고 있다. 이들은 전체 진료 대상자 중 5퍼센트에 불과하다. 위중한 환자를 위해 많은 비용을 사용하고 있다는 뜻이다. 문제는 1~2개월 남겨놓은 최후 치료에 많은 의료비가 투입되고 있으나 효과는 별로 없다는 데 있다.[309]

현대 의학의 발달로 환자의 죽음을 어느 정도 지연시키는 것이 가능해졌다. 말기 암 환자라 할지라도 화학 요법, 집중 치료, 수술 등을 통해 생명을 일시적으로 연장시킬 수 있다. 그 경우 암 환자는 수술 후 중환자실에서 기계적인 인공호흡, 전기적 심폐 소생술, 심장 압박 치료 등 집중 치료를 받게 된다. 대부분의 환자는 그 상태에서 좀 더 살다가 숨을 거둔다. 이생과의 이별을 며칠 또는 몇 주 늦췄다는 데서 의의를 찾을 수 있지만, 사실 집중 치료실에서 숨을 거둔 자가 마지막에 경험한 삶의 질은 최악 그 자체이다. 환자는 현 상태를 객관적으로 파악할 능력을 상실한 상태이다. 자신의 최후에 대한 결정권은 가족에게 넘어갔다. 정신이 오락가락하거나 혼수상태에서 인공조명과 각종 의료장비에서 발생하는 기계음 소리에 휩싸인 채 세상을 하직하는 경우가 다반사이다.[310]

병원에게 암환자나 임종을 앞둔 중환자는 주요 수입원 중 하나이다. 가족은 '마지막에 제대로 돌봐드리지 못했다'는 죄의식에 사로잡히지 않기 위해 무리가 되더라도 병원이 권하는 연명치료에 동의한다. 하지만 중증 환자가 원하는 것은 일시적인 생명 연장이 아닐 수도 있다. 현재의 고통을 피하는 것, 남은 시간 동안 가족·친구들과의 관계를 돈독히 하는 것, 상황을 인식할 수 있는 정신적 능력을 잃지 않는 것, 남에게 짐이 되지 않고 무엇보다도 자기 삶이 완결됐다는 느낌을 갖는 것 등이 그들에게 무엇보다 중요하지 않을까? 역지사지(易地思之)로 생각해 보자. 기술에 의존한 현재 의학 시스템은 이런 욕구를 충족시키기에 한계가 있다.[311]

연명치료에는 흔히 인공호흡기가 사용된다. 기도에 굵은 관을 삽입해서 고정하는 방식인데, 환자의 고통이 너무 심해 진통제나 진정제가 지속적으로 투여된다. 환자는 약 기운에 일종의 수면상태에 빠진다. 가족과의 대화도 불가능해진다. 우리나라 한 해 사망자 수는 28만 명 정도이다. 그중 20만 명 이상이 병원에서 죽음을 맞는데, 상당수가 중환자실에서 인공호흡기를 꽂은 채 생의 마지막 시간을 보낸다.[312] 의학의 발달 덕분에 임종을 앞둔 이는 자연스럽게 생과 이별하는 것이 아니라 기술에 포획되어 억지 춘향 격의 ―잠시― 연장된 삶을 살다가 유명을 달리하는 셈이다.

오늘의 의학 기술은 의식 없고 신체 기능이 제대로 작동하지 않는 환자까지도 ―살리지는 못하지만― 계속 살아있게 할 수 있을 정도까지 발달했다. 하지만 그렇게 연장된 삶에 무슨 의미가 있을까? 연명치료 중에 돌아가신 이들은 대부분 가족에게 유언을 남기지 못한다.[313] 가족들은 중환자실 출입이 자유롭지 못하다. 마지막 길을 가는데 누군가(간병인이라도) 옆에서 지키고 있다면 고인으로서는 친운이라고 할 수 있다. 병원이나 의사는 '생명 존중'이라는 절대가치와 환자를 살리겠다는 직업의식에 따라 '의료 집착적' 태도를 보일 수 있다. '생명을 구해야 한다'는 명제 앞에 누구도 '아니요'라고 말하기 힘들다. 우리는 ―연명치료 문제까지 포함하여― 각자의 존엄한 최후에 대해 미리 생각하고 자신의 입장을 분명하게 정리해 둬야 한다. 배에서 내릴 때가 가까워지기 때문이다.

"당신은 인생이라는 배를 타고 항해를 하다가 이제 피안에 이르렀다. 밖으로 나가보자."[314]

"내가 죽음에 점점 다가가는 것은 마치 오랜 항해를 한 뒤 육지를 바라보면서 마침내 항구에 들어서는 것과 같다고 생각하지."[315]

톨스토이도 세상을 떠나기 2년 전, '잘 죽는 것'이 얼마나 중요한지에 대해 다음과 같은 글을 남겼다. [316)

"죽어가는 사람의 행동은 깊은 인상을 남긴다.
그러니 잘 사는 것도 중요하지만
잘 죽는 것은 더욱 중요하다."

2018년 2월 한국에서 연명의료결정법이 도입되었다. 그나마 빨리 시행된 배후에는 10년 전 세브란스병원 김할머니 안락사 논란이 있다. 김할머니는 폐암 조직 검사를 받다가 과다출혈로 식물인간 상태로 1년 넘게 인공호흡기와 영양공급에 의지해 연명해 왔다. 가족들은 의미 없는 연명치료를 중단해 달라고 법원에 요청했다. 우여곡절 끝에 대법원은 2009년 5월 존엄사를 인정하며 인공호흡기 제거를 원하는 가족들의 손을 들어주었다. [317) 연명의료결정법 도입 이후, 환자의 연명치료 거부가 가능해졌다(의료진 및 가족과 협의 전제). 이 법은 임종 과정에서만 적용된다. 법이 시행된 지 1년도 안 돼 약 6만 명이 사전연명의료의향서에 서명할 만큼 많은 관심을 끌었다. 본인 의사에 따라 심폐소생술, 인공호흡기, 혈액투석, 항암제 투여를 선택적으로 거부할 수 있다.

옛날의 죽음은 급격하게 낭떠러지로 떨어지듯 창졸지간(倉卒之間)에 발생하는 사건이었다. 심한 병에 걸리거나 생명의 위협을 느낀 순간부터 죽음에 이르기까지 보통 몇 주밖에 걸리지 않았다. [318) 요즘은 의료 기술의 발달로 환자 상태로 지내는 기간이 길어졌다. 그의 증상을 호전시킬 수는 없지만 약, 주사, 수술, 집중 치료 등을 통해 쉽게 사망에 이르지 않도록 만들 수 있기 때문이다. 환자 삶의 질을 생각하지 않고 치료비 걱정으로부터도 자유롭다면, '좋은 결과가 나올지도 모른다는 희망'을 가지고 시도할 수 있는 치료법은 한두 가지가 아니다. [319)

의료 기술에 도취된 의사는 종종 다른 치료법을 권하기도 한다 (미국에서 흔한 예). 현 증상을 사라지게 하겠다는 과욕에 사로잡힌 나머지 의료진은 환자의 체력이나 상태 그리고 환자가 진정 원하는 것이 무엇인지 고려하지 않고 많은 치료 정보를 제시하면서 무엇을 택하겠냐고 환자에게 묻곤 한다. 대부분의 환자는 많은 선택지 앞에서 당황스러워한다. 호전될 수 있다고 믿는 가족을 실망시키지 않으려고 본인이 원하지 않는 수술이나 치료법을 받아들일 수도 있다. [320) 적절한 치료법을 찾아내겠다는 의사의 의지나 가족의 걱정에 앞서 우선적으로 고려되어야 할 것이 본인의 바람이다. 환자가 분별력을 잃지 않은 상태에서 원하는 바를 분명하게 피력할 경우 거기에 맞는 치료법을 적용해야 한다. 얼마 남지 않은 시간을 온전한 정신 상태에서 가족이나 이웃들과 함께 있기를 원한다면, 강력한 약물 요법이나 확률 낮은 무리한 수술은 피하는 것이 좋다. [321) 존엄을 유지하며 본인의 의지 하에 생의 마지막을 맞이하고 싶다는 환자나 노인의 소망은 존중되어야 한다.

환자에게는 있는 사실 그대로 설명하고, 현실에 대해서 정확하게 알려줘야 한다. 빈말로 위로하거나 헛된 희망을 품게 만드는 불상사가 일어나서는 안 된다. [322) 톨스토이의 소설 『이반 일리치의 죽음』에서 병자 이반 일리치가 가장 억울해하는 것이 누구도 "아프다," "곧 죽을 것 같다"는 자기 말에 귀 기울여 주지 않고, 잘 치료받으면 나을 것이라고 헛 위로를 일삼는 태도였다.

> "이반 일리치의 주된 고통은 기만이었다. 어째서인지 모두들 승인하고 있는 기만, 즉 너는 그저 병에 걸려 있을 뿐 … 그러므로 냉정한 태도로 치료만 게을리하지 않는다면 금방 좋아질 수 있다는 기만적 태도였다. 그러나 … 견디기 어려운 고통과 죽음밖에는 별다른 결과를 가져오지 않는다는 것을 그는 뻔히 알고 있었다."[323]

집중 치료실에서 외롭게 숨을 거둔 고인은 장례식에서도 다시 한번 가족과 분리된다. 시신은 안치소에 냉동 보관되고 유족과 문상객은 영안실에 문상객을 맞는다. 과거에는 곡소리가 끊이지 않았지만 이제는 빈소가 장례식장 내에 밀집된 형태로 배치되어 있는 탓에 슬픔은 최대한 억제될 수밖에 없다. 가족과 친척들 그리고 이웃사촌 격인 마을 사람들의 눈물과 애도 가운데 세상을 하직하고 선대로 돌아간다는 의식과 태어나고 자란 곳에 묻힌다는 생각에 과거 사람들은 비교적 편안히 눈을 감을 수 있었다. 오늘날 많은 이들이 마지막 시간을 가족과 함께 보내지 못한 채, 격렬한 슬픔이 동반된 의례 없이 이승을 하직한다. 급속한 산업화를 겪은 한국에서 최근 세상을 뜨는 이들은 도시에서 외롭게 죽는 첫 세대에 해당한다.[324]

노환의 환자가 품위 있는 마지막을 보내기 위한 방법으로 호스피스 케어가 대안으로 떠오르고 있다. 미국의 경우 의사가 6개월 이상 살지 못할 것이라는 사실을 확인하는 서류에 사인을 하고 환자 본인도 자신의 증세가 말기에 이르렀음을 이해하고 병을 치료하기 위한 의학적 노력을 포기하겠다고 서명하면 가능하다.[325] 흔히 호스피스 케어를 치료 행위 거부로 이해하는데, 이것은 잘못된 생각이다. 일반 의료행위와 호스피스 케어의 차이는 우선순위를 어디에 두느냐에 있다. 의료행위는 생명 연장에 초점을 맞춘다. 환자 삶의 질이 희생되더라도 수술, 화학요법, 중환자실 입원 등 모든 조치를 다한다. 반면에 호스피스 케어는 생명이 얼마 남지 않은 중환자가 현재 삶을 최대한 누릴 수 있도록 하는데 우선권을 둔다. 불편함과 통증에서 벗어나고 가능한 오래 의식을 유지하게 만들고 가족과 외출할 수 있게 돕는 등 현재 환자 삶의 질을 높일 수 있도록 힘쓰는 것이 호스피스 케어의 특징이다.[326]

미국의 호스피스 케어는 집에서 행해진다. 그래야 환자가 마지막 시간을 가족과 함께 보낼 수 있기 때문이다.[327] 한국에서는 호스피스 병동에 입소시켜 환자를 케어한다. 의료진과 환자, 가족 세 주체가 병을 완치할 수 없다는 사실 인정하고 환자가 편히 마지막 길을 갈 수 있도록 서로 돕고 협력하는 형식으로 진행된다. 의료진 외에도 성직자와 호스피스 봉사자들까지 합세해서 환자가 심리적 안정을 취하고 가족과 좋은 이별을 할 수 있도록 돕는다.[328] 연명치료 중단이라는 관점에서 진일보한 시스템이지만 환자가 시설에 입소해 관리 대상이 된다는 점에서 아쉬움이 느껴진다. 물론 힘든 본인이나 가족을 고려할 때 입소가 필요할 수도 있다. 미국처럼 재택 호스피스 케어와 병행되어 운영된다면 장단점이 서로 보완될 것이다.

'존엄한 최후'에 대한 주제에서 빠지지 않는 내용이 안락사 문제이다. 한국리서치 조사에 따르면(2022년 7월) 한국 사람 10명 중 8명이 환자의 자기 결정권에 따른 조력 존엄사에 찬성하는 것으로 밝혀졌다. 존엄사는 연명치료 중단을 뜻하는 소극적 존엄사와 의사 처방에 의해 환자가 약물을 투여하는 조력 존엄사 그리고 의사가 직접 약물을 주입하는 적극 조력사로 나뉜다. 2024년 9월 현재 사전연명의료의향서 등록자 수는 250만 명을 돌파했다. 환자의 죽음 선택권을 인정하고 인간의 존엄을 지키기 위한 자기 결정권이 존중되어야 한다는 찬성 측이 점점 많은 힘을 얻고 있다. 하지만 생명존중의 가치가 훼손될 우려가 있고 사회경제적 압력에 의해 죽음 결정이 남용되거나 사회적 타살이 될 수 있다고 주장하는 반대파의 거부감도 만만치 않다. [329]

스콧 니어링(1883~1983)의 자서전과 그의 아내 헬렌 니어링이 쓴 『아름다운 삶, 사랑 그리고 마무리』라는 책을 접하면서 필자는 처음으로 존엄사에 대한 관심을 갖게 되었다. 스콧 니어링은 미국 펜실베이니아 지방 부유한 사업가의 집안에서 태어났다. 펜실베이니아 대학 와튼스쿨에서 경제학 박사학위를 취득한 이후, 동대학과 오하이오 톨레도 대학에서 후학을 양성했다. 펜실베이니아 대학에서는 빈부 격차에 대한 강도 높은 비난으로, 톨레도대학에서는 미국의 제1차 세계대전 참전 반대 목소리를 높인 탓에 40세도 안 된 나이에 해직당했다.[330] 1932년 자본주의 경제로부터 독립하여 '자기'를 잃지 않고 조화로운 삶을 살겠다고 마음먹은 스콧 니어링은 박애주의자인 아내 헬렌 니어링과 함께 시골 버몬트로 들어가 돌집을 짓고 생계를 위해, 자기 수양을 위해 그리고 남을 돕는 일에 각각 3분의 1씩 시간을 분배해서 살았다. 100세가 되자 곡기를 끊고 삶을 마감했다. 고령으로 신체 쇠약 현상이 눈에 띄게 나타나자, 이 정도 살면 됐다는 판단하에 세상을 떠났다는 사실에 필자는 신선한 충격을 받았다. 임종을 곁에서 지켜본 아내 헬렌의 증언이다.

> "스코트는 자기 힘이 아주 사라지기 전에 가고 싶어 했다. 그이는 자신의 자유의지에 따라 가기를 원했고, 의식을 갖고 또 의도한 대로, 죽음을 선택하고 그 과정에 협조하면서 죽음과 조화를 이루고자 했다. 그이는 죽음의 경험을 피하려고 하지 않았으며 스스로 기꺼이 그리고 편안하게 몸을 버리는 기술을 배우고 실천하기를 기대했다. 죽음으로써 그 자신을 완성할 것이다."[331]

> "나는 그이의 침상에 같이 있으면서 조용히 그이가 가는 것을 지켜보았다. … 천천히 천천히 그이는 자신에게서 떨어져 나가 점점 약하게 숨을 쉬더니, 나무의 마른 잎이 떨어지듯이 숨을 멈추고 자유로운 상태가 되었다. 그이는 마치 모든 것이 제대로 되어 있는지 시험하는 듯이 "좋 - 아." 하며 숨을

쉬고 나서 갔다. 나는 보이는 것이 보이지 않는 곳으로 옮겨 갔음을 느꼈다."[332]

스스로 택한 죽음은 아니지만 열악한 환경 탓에 죽기를 원했던 노인의 이야기도 있다. 70세가 되면 노인을 산에 버리는 관습이 지배하는 일본 동북 지역의 산골 마을, 식량이 부족한데 아직 살아있는 자신의 모습이 부끄러워 69세 노파 오링은 스스로 이를 부러뜨린다. 그러고는 아들에게 이제 죽을 때가 됐으니 자신을 나라야마(楢山)에 데려가 달라고 조른다. 효심이 지극했지만 관습을 거스를 수 없었던 아들 타츠헤이는 지게에 어머니를 지고 산을 올랐다. 남은 식량을 어머니에게 주고 내려가려는데 오링은 아들이 배곯지 않을까 염려하며 한사코 받지 않는다. 눈이 내리자 다츠헤이는 어머니가 추울까 걱정이 되어 '다시 돌아가면 안 된다'는 마을 규칙을 어기고 되돌아가 "어머니 추우시죠?"라고 묻는다. 오링은 아들에게 어서 내려가라고 단호히 손짓한다. 1983년 칸영화제에서 황금종려상을 수상한 이마무라 쇼헤이 감독 〈나라야마 부시코〉(유산절고, 楢山節考, '소나무 산의 노래'라는 뜻)의 내용이다.[333] 물자가 부족했던 시절, 일본 동북지역의 산골 마을에서 벌어졌던 일들을 소재로 삼은 소설이 원작이다. 노파 오링의 마음과 태도에서 '존엄한 최후'라는 단어가 떠오르는 것은 무슨 이유일까?

스위스는 '조력자살'이 허용되는 나라이다. 한국인도 방문해서 생의 종지부를 찍었다는 소식이 간간이 언론을 통해 보도된다.[334] 2024년 9월 하순 60대 중반의 미국인 여성이 '사르코'라는 이름의

자살 캡슐을 이용해 스위스에서 목숨을 끊은 사건이 발생했다. 사르코는 수면 캡슐처럼 생긴 도구이다. 사람이 들어가 뚜껑을 닫으면 자동응답기를 통해 자발적으로 죽음을 택했는지 여부를 확인하는 몇 가지 질문이 나온다. 거기에 답하고 버튼을 누르면 질소 가스가 뿜어져 나와 몇 분 뒤 숨을 거두게 된다. 캡슐 개발자는 의사 필립 니츄케이고, 이번에 처음 사용되었다. 스위스는 조력자살에 대해 외부의 직접적 도움 없이 본인 스스로 목숨을 끊었으며 조력자가 자신의 이익이나 필요와 상관없이 도왔을 경우 처벌하지 않는다. 스위스 경찰은 이번 사건에 자살을 주장하고 방조한 혐의가 있다고 보고 관련자를 체포했다.

이에 대해 네덜란드 안락사 단체인 '엑시트 인터네셔널'(Exit International)은 "사르코가 애초 기획된 대로 약품을 쓰지 않고 효과적이고 평화로운 죽음을 제공해 기쁘다"는 성명을 발표했다. 조력자살을 돕는 스위스 단체 '마지막 수단'(The Last Resort)의 공동의장인 플로리안 윌레는 자신이 유일하게 사르코 캡슐에 의한 임종을 지켜본 인물이라는 입장에서 평가할 때 "평화롭고 빠르고 위엄 있는 죽음"에 해당한다고 주장했다. 두 단체 모두 간접적으로 경찰의 개입에 대해 불만을 표시한 셈이다.

한편 스위스 당국은 사르코 캡슐이 스위스법 상 안전기준을 충족하지 못했고 질소의 사용이 화학법에 규정된 조항과도 맞지 않는다는 점을 들어 법적 조치를 취할 가능성을 내비쳤다. 사람이 죽는데 옆에서 누가 돕는다는 의미에서 '조력자살은 결국 자살 조장 또는 방조 아닌가' 하는 지적은 계속 제기되어 왔다. 이번 사건을 계기로 스위스의 몇몇 의원들은 자살과 관련한 법의 허점을 보완하기 위해 추가 입법이 필요하다는 의견도 내놓고 있다.[335]

현대인들은 개인의 자유, 자기 결정권을 중시한다. 부모 세대만 하더라도 생에 대한 집착이 우세했고 '고령이 저주'라는 개념이 희박했으므로 대부분 아쉬운 마음으로 이승과 결별하기 마련이다. 하지만 젊은 세대에서는 상황이 많이 달라졌다. '자기 결정권'이라는 가치가 중요해졌고 고령화 현실 속에서 자신의 미래 모습을 미리 생각해 볼 기회가 많아진 탓에 그들은 자연스럽게 '존엄한 죽음'에 대해 높은 관심을 보인다.

호주 에디스 코완 대학교의 명예 교수 데이비드 구달 박사가 104세에 안락사를 결정했다. 102세에 퇴임하기 전까지 열정적으로 연구에 몰두한 그는 이후 건강이 급속도로 악화되자 스스로 이 세상에서 떠나야 할 때가 되었다고 판단했다. 그는 가족들과 함께 스위스로 가서 안락사 직전(2018년 5월 9일) 기자 회견을 열었다.

> "안락사를 할 수 있는 기회를 얻게 되어 행복합니다. 어느 누구의 의견도 고려하지 않고 제 스스로 결정한 겁니다. 제 이야기를 통해 많은 사람들이 죽음에 대해 자유로운 시각을 갖게 되기를 기대합니다."

그의 기자 회견 내용이었다. 주위에서 그에게 죽기 전 마지막으로 하고 싶은 것이 있느냐고 묻자 "베토벤 9번 교향곡을 듣고 싶다"고 답했다. 그리고는 사람들 앞에서 '환희의 송가'를 노래했다.

배석 의사가 확인차 질문했다. "지금이 정말 떠나야 할 때라고 생각하세요?" 이에 구달 박사는 "그렇다. 104년간 머문 이 세상을 떠나게 돼서 정말 기쁘게 생각한다"고 답했다. 의사가 합법적으로 처방한 약물을 스스로 투여하고 구달 박사는 가족들이 지켜보는 가운데 생을 마감했다.[336] 2008년 3월 알츠하이머병이 심해져 운동 능력까지 상실한 단계에 이른 벨기에 유명 작가 휘호 클라우스도 그만 살기로 결심하고 병원에서 독극물 주사를 맞고 세상을 떠났다. 벨기에는 환자가 올바른 정신 상태에서 "숙고한 후 자기 의지로" 요청하는 경우 조력자살을 허용한다.[337]

세계 최초로 안락사를 합법화한 나라는 네덜란드이다. 풍차와 운하로 유명한 이 나라는 '죽음을 선택할 수 있는 권리'야 말로 존엄한 죽음의 기본 조건이라는 입장을 흔쾌히 받아들인 셈이다. 최근 들어 안락사가 아픈 사람뿐 아니라 '모든 사람에게 적용되는 권리'라는 인식이 확산되고 있다. 물론 '개인이 자신의 삶을 너무 쉽사리 포기하도록 사회가 허용 내지 방조하는 것 아닌가?' 하는 의구심을 항상 가질 필요가 있다. 안락사 허용이 노년기 사람들에게 무언의 압박으로 악용되어서는 안 된다. 사회·의료계·정부 당국은 합심해서 불상사가 발생하지 않도록 면밀하게 모니터링해야 한다.

현대 자본주의 체제나 관료화된 국가는 인간을 관리 대상으로 삼고 소비자 역할만 수행하도록 제한함으로써 용이한 통제와 수익 창출이라는 두 마리 토끼를 동시에 잡으려 한다. 개개인이 숙고하여 자기 의지대로 무언가를 결정하도록 놔두지 않는다. 객관적 사실보다는 정치 분야에서는 개개인의 신념과 감정에 호소하는 방식으로 영향력을 행사하고('탈진실') 빅데이터에 기반한 알고리즘에 의해 추천되는 상품을 개인별로 끊임없이 노출시킴으로써 구매하도록 적극 유도한다. 어쩌면 우리는 1999년 개봉한 미국의 SF 영화 〈메트릭스〉가 묘사하듯이 인공지능 컴퓨터와 기계에 의해 조작된 모의현실 '메트릭스'에 갇힌 채 살아가는 가련한 존재로 전락하고 있는 중일지도 모른다.

고령화가 진행될수록, 의학이나 의료계는 더욱 '건강', '젊음'을 내세우며 마치 묘약이 존재하듯이, 그것을 복용하면 안 늙을 것처럼 선전한다. 많은 인구가 고령화되어 가는 현실 가운데서도, 사회나 산업계는 역설적으로 죽음에 대해서 생각할 여유나 여지를 갖지 못하게 만든다. 운동만 하면, 절식만 하면, 식이조절만 하면, 의학적 치료나 건강 관리를 받으면 계속 젊게 살 수 있다는 착각과 헛된 희망을 불러일으킨다. 계속 말하지만 노화와 죽음은 피할 수 없다. 개개인의 노력에 의해 좀 더 활기차게 살 수 있고, 최후를 뒤로 약간 늦출 수 있을 뿐이다. 다시 강조하지만, 삶과 죽음은 일심동체이다. 죽음을 두려워하며 전전긍긍 살아가는 어리석음을 범하지 말자.

메멘토 모리(memento mori, 죽음을 기억하라)! 인생을 마감할 때가 온다는 사실을 생각하면 지금 더 열심히 살고 나 자신에게 충실해야겠다는 의지가 더욱 강력해진다. 죽음을 염두에 두고 열심히 살겠다는 삶의 의욕을 불태우자. 죽음은 현재의 '나'를 자극하고 치열하게 살도록 만드는 도구이다. 어느 정도 이상의 심리적·정신적 완충 능력을 소유하고 있는 존재라면, 죽음에 대한 숙고는 자신의 삶을 긍정적으로 평가하게 만들고 허락된 기회로 여길 수 있도록 도울 것이다.

다양한 죽음의 예가 소개되고 있다. 여러 매체를 통해 알려지는 경우들을 참고하여 '어떻게 죽는 것이 내가 원하는 나의 마지막 모습'일지 자문하여 그림을 그려보자. '존엄한 죽음의 모습은 어떤 것인지' 그리고 '장례는 어떤 형식과 절차로 진행되는 게 좋을지' 구체적인 안을 마련하여 나의 마지막을 '셀프'로 준비하자.

4장
성경이 말하는 노화와 죽음

1. 나이 듦

시편 31편을 펼쳐 읽노라면 '요즘 노년의 비애를 표현한 것이 아닌가?' 생각이 들 정도로 탁월하고 적확한 묘사들이 눈에 들어온다.

> "여호와여 내가 고통 중에 있사오니 내게 은혜를 베푸소서 내가 근심 때문에 눈과 영혼과 몸이 쇠하였나이다 내 일생을 슬픔으로 보내며 나의 연수를 탄식으로 보냄이여 내 기력이 나의 죄악 때문에 약하여지며 나의 뼈가 쇠하도소이다 내가 모든 대적들 때문에 욕을 당하고 내 이웃에게서는 심히 당하니 내 친구가 놀라고 길에서 보는 자가 나를 피하였나이다 내가 잊어버린 바 됨이 죽은 자를 마음에 두지 아니함 같고 깨진 그릇과 같으니이다" (시 31:9-12)

시편 기자는 탄식으로 오랜 세월을 보냈다. 기력이 쇠하여지고 눈도 침침한 상태다. 이웃도 심지어 친구도 길에서 그를 피한다. 아무도 자신을 찾지 않는다고 탄식한다. 그는 잊히고 깨진 그릇 같은 신세가 되었다.[338]

수십 년 직장 생활 끝에 편히 쉬는 첫 한두 달, 누구나 여유롭고 행복하다고 느낄 것이다. 하지만 시간이 좀 더 지나면 은퇴자들은 단조로운 일상에 지루하다는 생각과 무력감에 사로잡히기 십상이다. 이와 관련해서 시몬 드 보부아르는 다음과 같이 말한다.

"건강과 명석한 이성을 보존한다 해도 은퇴한 자는 권태라는 끔찍한 재앙에 시달리게 된다. 세상에 대한 영향력을 박탈당한 은퇴자는 다른 어떤 영향력도 회복할 수 없다. 자기 일이 없는 여가란 자주성이 상실된 것이기 때문이다."[339]

현역 시절 그렇게 많이 울리던 전화나 연락이 뚝 끊겼다는 걸 문득 깨닫게 되면서 은퇴자는 자신이 사회에서 쓸모없는 존재로 분류된 현실을 실감하게 된다. 경제적으로 여유가 있으면 그나마 다행이다. 지갑 사정이 넉넉지 않으면 '같이 밥 먹자'는 연락이나 '결혼한다', '누가 돌아가셨다'는 소식에 선뜻 응할 수 없게 된다. 매번 얻어먹을 수 없고 빈손으로 식장에 갈 수도 없는 노릇이다. 형편이 어렵다는 사실이 알려지면 말 그대로 '사람들로부터 외면당하고, 잊히고 깨진 그릇과 같은 존재' 취급을 받게 된다. 그런 이유에서 "노년은 죽음 자체보다 더 큰 혐오감을 불러일으"키는지도 모른다. [340] 시락서(집회서)는 '가난한 노인들에게 차라리 죽음이 반가울 것'이라는 도발적인 발언까지 한다.

"가난하고 힘이 빠진 사람, 끊임없이 근심 걱정에 시달려서 늙어 버리고 모든 것이 귀찮고 참을성마저 없어진 사람에게, 죽음아, 너의 기약이 얼마나 반가운 일이겠느냐!" (시락서 41:2 공동번역)

현대 사회는 인간 존재 그 자체보다는 능력을 중시하기 때문에 -특히 힘없고 가난한- 노인에게 박한 평가를 내린다. 젊은이들도 무의식적으로 노인들을 멀리한다. 하지만 성서 세계에서 노인은 전혀 다른 존재로 자리매김되어 있다.

> "백발은 영화의 면류관이라 공의로운 길에서 얻으리라" (잠 16:31)

> "의인은 종려나무처럼 우거지고, 레바논의 백향목처럼 높이 치솟을 것이다. 주의 집에 뿌리를 내렸으니, 우리 하나님의 뜰 안에서 크게 번성할 것이다. 늙어서도 여전히 열매를 맺으며, 진액이 넘치고, 항상 푸르를 것이다." (시 92:12-14 표준새번역)

한평생("백발") 하나님과 동행하며 산 사람은 나이 들어서도 여전히 풍성하며 활력이 넘칠 것이라고 성경은 말한다. 하나님 보시기에 의로운 자, 그리고 주의 집에 뿌리를 내린 자의 노년은 복되다. 시편 기자는 이런 노인의 가치를 높이 평가한다. 모세도 젊은 세대에게 노인의 지혜를 적극 활용할 것을 당부한다.

> "옛날을 기억하라 역대의 연대를 생각하라 … 네 어른들에게 물으라 그들이 네게 말하리로다" (신 32:7)

비록 노인에 대해 직접적으로 언급하고 있지 않지만, 예언자 이

사야는 젊은이나 장정이 힘들어하는 상황에서도 하나님을 잘 믿는 노년기의 사람은 지치지 않고 역동적으로 살아갈 수 있다고 선포한다.

> "비록 젊은이들이 피곤하여 지치고, 장정들이 맥없이 비틀거려도, 오직 주를 소망으로 삼는 사람은 새 힘을 얻으리니, 독수리가 날개를 치며 솟아오르듯 올라갈 것이요, 뛰어도 지치지 않으며, 걸어도 피곤하지 않을 것이다" (사 40:30-31 표준새번역)

성경에 노인의 분별력과 지혜를 칭송하는 구절이 자주 등장한다.

> "늙은 자에게는 지혜가 있고 장수하는 자에게는 명철이 있느니라" (욥 12:12)

> "백발 노인으로서 분별력이 있고, 원숙한 사람으로서 남에게 좋은 충고를 줄 수 있다는 것은 얼마나 좋은 일이랴? 노인이 보여주는 지혜 … 는 지극히 훌륭한 것이다. 풍부한 경험은 노인의 명예며 주님을 두려워하는 것은 그의 참된 자랑이다." (시락서(집회서) 25:4-6 공동번역)

지혜와 명철은 노년기의 특징이다. 성전에서 오랫동안 그리스도 탄생을 기다려온 시므온은 아기 예수를 한눈에 알아보고는 "이방을 비추는 빛", "주의 백성 이스라엘의 영광"이라고 고백한다 (눅 2:32). "그리스도를 보기 전까지는 죽지 아니하리라"는 성령의 지시를 받은 그는 "이제는 말씀하신 대로 종을 평안히 놓아 주시는도다"(눅 2:26, 29)라고 하며 기뻐한다. 그리스도로 말미암은 "주의 구원"(눅 2:30)을 보았으므로 편히 영원한 안식에 들 수 있게 되었다고 감사한다. 지혜로운 노인 시므온은 예수로 말미암아 구원의 시대가 열렸고 이방과 이스라엘에 각각 빛과 영광이 임했음을 간파했다.

이어 등장하는 84세 노인 안나도 "예루살렘의 속량을 바라는 모든 사람"에게 예수가 누구신지 설명한다(눅 2:38).[341] 오랫동안 신실하게 신앙인으로 살아온 사람은("주야로 금식하며 기도함으로 섬기더니" 눅 2:37) 지혜로울 수밖에 없다. 하나님께서는 그에게 사건의 실체와 본말 그리고 핵심이 무엇인지를 꿰뚫어 볼 수 있는 안목을 선사한다.

베드로는 오순절 설교(행 2:14-36) 중에 요엘서의 종말과 관련한 환상 부분(욜 2:28-32)을 인용한다. 일부를 적어본다.

> "하나님이 말씀하시기를 말세에 내가 내 영을 모든 육체에 부어 주리니 너희의 자녀들은 예언할 것이요 너희의 젊은이들은 환상을 보고 너희의 늙은이들은 꿈을 꾸리라 그 때에 내가 내 영을 내 남종과 여종들에게 부어 주리니 그들이 예언할 것이요" (행 2:17-18)

선지자 요엘은 마지막 때 성령이 임하면 자녀들은 예언하고 젊은이들은 환상을 보고 늙은이들을 꿈을 꿀 것이라고 선언한다.

"그 때에 주께서 환상 중에 주의 성도들에게 말씀하여 이르시기를…" (시 89:19)

"그가 예언을 전하여 말하되 … 하나님의 말씀을 듣는 자, 전능자의 환상을 보는 자, 엎드려서 눈을 뜬 자가 말하기를" (민 24:3-4)

"아이 사무엘이 엘리 앞에서 여호와를 섬길 때에는 여호와의 말씀이 희귀하여 이상[= '환상']이 흔히 보이지 않았더라" (삼상 3:1)

위 세 구절을 참고할 때 젊은이들이 보는(행 2:17) '환상'은 자녀들의 예언을 위한 도구 역할을 하고 있음을 알 수 있다. 늙은이들이 꾸는 '꿈'은 아래 구절들을(신 13:1-5; 삼상 28:15; 단 1:17; 2:2; 4:5) 통해 예언과 함께 또는 예언보다 더 하나님의 뜻을 깊이 알 수 있는 수단임이 드러난다. [342]

"너희 중에 선지자나 꿈꾸는 자가 일어나서 이적과 기사를 네게 보이고" (신 13:1)

"사무엘이 사울에게 이르되 네가 어찌하여 나를 불러 올려서 나를 성가시게 하느냐 하니 사울이 대답하되 나는 심히 다급하니이다 블레셋 사람들은 나를 향하여 군대를 일으켰고 하나님은 나를 떠나서 다시는 선지자로도, 꿈으로도 내게 대답하지 아니하시기로 내가 행할 일을 알아보려고 당신을 불러 올렸나이다 하더라" (삼상 28:15)

"하나님이 이 네 소년에게 학문을 주시고 모든 서적을 깨닫게 하시고 지혜를 주셨으니 다니엘은 또 모든 환상과 꿈을 깨달아 알더라" (단 1:17)

"느부갓네살이 다스린 지 이 년이 되는 해에 느부갓네살이 꿈을 꾸고 그로 말미암아 마음이 번민하여 잠을 이루지 못한지라" (단 2:2)

"한 꿈을 꾸고 그로 말미암아 두려워하였으니 곧 내 침상에서 생각하는 것과 머리 속으로 받은 환상으로 말미암아 번민하였었노라" (단 4:5)

젊은이에게는 예언의 도구 역할을 하는 '환상'을, 늙은이에게는 예언과 동급인 또는 그보다 한 단계 높은 하나님의 뜻을 자세히 알 수 있는 수단인 '꿈'을 허락했다는 점에서 젊은이보다 늙은이를 더 귀하게 여기는 성서 세계의 가치관이 여기서도 적용되고 있다는 사실을 볼 수 있다.

'못생긴 나무가 산을 지킨다'는 말이 있다. 산 중에서 가장 곧고 잘생긴 나무는 가장 먼저 잘려서 서까래 감으로 쓰이고, 그다음 잘생긴 나무가 기둥으로 … 가장 못난 나무는 끝까지 남아 거대한 나무가 된다. 쓸모가 없었기 때문에 크게 자라서 누구나 쉴 수 있는 그늘을 드리우며 산을 지키는 주인이 되었다.[343] 종국에 중요한 것은 '멋지냐, 안 멋지냐', '크냐, 작냐'가 아니라 존재 그 자체이다. 특별히 내세울 건 없지만 끝까지 버티고 살아남은 나무가 산의 주인이 된다. 웬만큼 인생을 산 사람이라면 이제는 '존재' 자체에 집중해야 한다. 하나님께서 여러분을 지금까지 인도해 주셨다. 그분은 앞으로의 인생 여정에서도 우리를 안전하게 지키는 '지팡이' 역할을 하실 것이다(시 23:4 "주의 지팡이 … 가 나를 안위하시나이다"). 하나님 보시기에 노인 세대도 똑같이 소중한 존재이기 때문이다.

시편 71편(표준새번역)에 노년임에도 하나님을 잘 믿고 주의 능력을 후대에 전하겠다고 서원하는 시편 기자의 기도가 소개된다.

> "5 주님, 주님 밖에는, 나에게 희망이 없습니다. 주님, 어려서부터 나는 주님만을 믿어 왔습니다. 9 내가 늙더라도 나를 내치지 마시고, 내가 쇠약하더라도 나를 버리지 마십시오. 13 나를 공격하는 자들이 부끄러움을 당하고, 흔적도 없이 사라지게 해주십시오. 나에게 상처를 입히려고 대드는 자들이 모욕과 수치를 당하게 해주십시오. 18 내가 이제 늙어서, 머리카락에 희끗희끗 인생의 서리가 내렸어도 하나님, 나를 버리

지 마십시오. 주께서 팔을 펴서 나타내 보이신 그 능력을 오
고오는 세대에 전하렵니다."

시편 기자는 어려서부터 하나님을 의지해 왔다. 그는 노후를 앞
두고 이 기도를 드린다. 나이 들면 서럽기 그지없다. 늙고 쇠약했
을 때 하나님마저 떠나면 말 그대로 '낭패'인 셈이다. 그래서 더 적
극적으로 하나님께 매달린다. 그는 현재 어려움에 처해 있다. "공
격하"고 "상처를 입히려고 대드는" 자들이 존재한다. 이들로부터
보호해 달라고 간청한다. 그는 하나님의 능력을 경험한 바 있다.
그것을 대대손손 전하겠으니 "머리카락에 희끗희끗 인생의 서리
가 내"린 자신을 버리지 말아 달라고 탄원한다. 어려운 상황에도
불구하고 그는 결코 하나님 앞에서 비굴한 자세를 취하지 않는다.
버리지 말아 달라고 요청하면서도 하나님의 권능을 다음 세대에
두고두고 전하겠다는 맹세를 덧붙인다. 소극적으로 하나님을 의
지하는 태도가 아니라, 대적자들의 방해와 핍박에도 불구하고 불
굴의 투지로 다음 세대에 하나님을 증거하며 살겠다고 다짐한다.
우리가 본받을 만한 노인상이다.

앞에서 언급했듯이(1장 나이 듦, 3. 노화 지연, 2) 운동) 하버드대학 성
인발달연구소가 80년 이상의 데이터 분석과 설문조사, 인터뷰를
통해 발견한 의외의 사실은 가족, 친구, 이웃 등 사회적 네트워크
를 튼튼하게 구축한 사람이 건강하게 오래 살았다는 내용이다.[344]
노년기에 반드시 필요한 것들은 건강, 경제, 소일거리(시간 활용) 등
여러 가지지만, '주위에 친밀한 관계를 유지하는 사람들의 존재'

도 활기찬 노후를 위해 없어서 안 될 요소이다. 누가복음 16장에 '옳지 않은 청지기'의 비유가 나오는데, 거기서 주인은 다음과 같이 말한다.

"불의의 재물로 친구를 사귀라 그리하면 그 재물이 없어질 때에 그들이 너희를 영주할 처소로 영접하리라" (눅 16:9)

수하의 청지기가 "소유를 낭비한다는 말"을 전해 들은 주인은 그에게 해고를 통지했다. 앞으로 살길이 막막해진 청지기는 꾀를 내어 채무 증서를 조작한다. 기름 백 말은 오십 말로, 밀 백 석은 팔십 석 … 이런 식으로. 채무자들은 청지기에게 신세 진 것을 잊지 않고 청지기가 백수가 되었을 때 대가로 뭔가를 챙겨줄 것이다. 청지기는 이를 노리고 증서 내용을 변조했다. 주인의 칭찬은 마을 사람들과 청지기가 협작하여 장부를 조작한 행위를 옹호하는 소위 '면죄부 발급'과 거리가 멀다. 주인이 불법으로 재물을 쌓았기 때문에 그 재물은 인심 쓰듯 사용되어야 한다는 이해도 틀린 것이다. 주인은 8절에서 청지기에 대해 분명히 "옳지 않"다고 판단을 내리고 있다. 따라서 주인이 청지기가 불의한 방법으로 저지른 '미래를 위한 대비'에 우호적인 평가를 내릴 리 만무하다. 증서에 명기된 곡물이나 기름은 주인 소유이므로, 주인 허락 없이 증서 내용을 바꾸는 것은 주인을 속이고 재산을 탈취하는 문서위조, 사기, 배임에 해당한다. 다만 주인이 청지기가 "일을 지혜 있게 하"였다고(8절) 보고 칭찬하는 이유는 ─여기서부터 묵시적 종말론이라는 요소가 더해지면서 비유의 지평이 확대된다— "이 세대의 아들들"이 "빛의 아들들"보다 더 지혜롭다는 사실을 드러내기 위해서였다. 즉, 옳고 그름을 떠나 '앞날을 준비하려는 노력' 자체에 한정해 볼 때, "이 세대의 아들들"이 "빛의 아들들"보다 더 적극적이고 열심이므로 "빛의 아들들"에게 경각심을 불러일으키기 위해 예수는 불의한 청지기 비유를 통해 설명한 것이다.

저자 누가는 소유나 재산은 '나누는 것'이라는 생각을 갖고 있다. 그렇지 않은 재물은 기본적으로 '불의'(원어 '아디키아' adikia)한 것이다. 따라서 "불의의 재물로 친구를 사귀라"는 구절을 '사기나 도둑질로 얻은 재물을 가지고 인심 써서 친구를 사귀라'는 식으로 해석해서는 곤란하다. '불의'에는 힘을 빼고 '재물로 친구를 사귀라'에 초점을 맞추어 이해해야 한다. 누가는 현세를 "패역한 세대"로(행 2:40)[345] 판단한다. "패역한"(헬라어 '스콜리오스' skolios)의 기본 뜻은 '굽은'(눅 3:5 "굽은 것이 곧아지고")이며 '도덕적으로 왜곡된' 또는 '삐뚤어진'이란 의미를 갖고 있다. 바울도 여기에 동의한다. 바울은 빌립보서 2장 15절에서 이 세대를 "어그러지고('스콜리아' skolia) 거스르는"이라고 설명하면서, 같은 단어 '스콜리아'를 사용한다. 패역한 세대의 돈에는 기본적으로 '불의'라는 특성이 각인되어 있다. 그런 맥락에서 누가는 "불의한 돈"이라는 표현을 사용했다. 돈의 악한 속성을 극복하고 바르게 쓰기 위해서 돈은 '물질을 필요로 하는 사람', 즉 '곤궁에 처한 이'를 돕는 데 활용되어야 한다. 기회가 될 때마다 주위 사람들에 물질적 호의를 베풀면 그 덕분에 후일 "영주할 처소"로 들어가게 될 것이라고 누가는 설명한다.

은퇴와 관련한 유일한 성경 구절은 민수기 8장 23-25절이다.

"여호와께서 또 모세에게 말씀하여 이르시되 레위인은 이같
이 할지니 곧 이십오 세 이상으로는 회막에 들어가서 복무하
고 봉사할 것이요 오십 세부터는 그 일을 쉬어 봉사하지 아
니할 것이나"

레위인들은 성전에서 25세부터 25년간 일하고 50세에 은퇴했
다.[346] 성경 시대 기대 수명이 대략 40세였으므로,[347] 50세 은퇴
는 결코 이른 시기가 아니다. 경제협력개발기구(OECD)가 2023년
기준으로 발표한 한국의 평균 퇴직 연령은 49.3세였다.[348] 물론
생계 때문에 은퇴 후에도 계속 일하는 사람이 많다. 2018년 기
준으로 한국인 실질은퇴연령은 72.3세이다. 우리나라 국민들은
OECD 중 가장 늦은 나이까지 일하고 있다.[349]

은퇴 후에도 풀어야 할 고민거리가 한둘이 아니다. 그중에서 '
남는 시간을 어떻게 보낼 것인가?'라는 문제도 해결하기 쉽지 않
다. 대략 30세에서 60세까지는 회사에 묶인 신세로 맡겨진 업무
를 수행하느라 자유 시간이 절대적으로 부족했다. 하지만 퇴직 후
90세까지 산다고 가정하면, 수면시간 8시간을 제외한 하루 16시
간 곱하기 30년(365일 × 30년 = 10,950일)은 곧 17만 5200시간이라는
계산이 나온다. 이 긴 시간 동안 뭔가를 하며 지내야 한다. 친구·
이웃과 친밀한 관계를 유지해 온 사람은 나이 들어서도 기존 인간
관계를 유지하면서 대화, 식사, 운동, 취미 활동 등을 통해 즐겁게

시간을 보낼 수 있다. 젊을 때 밥을 사고 호의를 베풀면서 친구를 사귀어 놓는 것은 노후 긴 시간을 보람차게 보내고 행복하게 살기 위해 필요한 행동이다.

아랫사람들이 모인 곳에서 환영받기 위해서는 "입은 닫고 지갑은 열라"는 말을 흔히 한다. 남을 위해 돈을 쓰지 않으면 외로운 노년을 보내야 한다. 지갑은 두둑하지만 고독 속에서 쓸쓸하게 세상을 떠나기보다는 주변 사람들에게 넉넉하게 베풂으로써 환영받고 풍성한 인간관계를 유지하며 즐겁게 살다 가는 것이 지혜로운 삶의 자세이다. 다음 구절을 통해 누가는 노후에 시간을 보내거나 여가 선용을 위해 몇몇 친구나 친한 이웃이 꼭 필요하다는 사실을 강조하고 있다. 다시 한번 읽어보자.

"재물로 친구를 사귀라 그리하면 그 재물이 없어질 때에 그들이 너희를 영주할 처소로 영접하리라" (눅 16:9)

노년기는 추수의 계절이다. 노인들은 청·장년기를 거치면서 수고하고 애쓴 결과물을 내면에 저장하고 있다. 곧 풍성한 수확을 거둘 때가 올 것이다. 그들의 내적 풍성함 덕분에 주변이 안정되고 집안에 평화가 찾아온다. 노년기는 완성의 시기이다. 노년기 없는 인생은 그리다 만 미술품에 지나지 않는다. 인생의 여러 단계를 거쳐야 비로소 노년에 다다를 수 있다. 젊은이들을 보면 잠시 부러울 수는 있지만, 지금이 완성기임을 잊지 않는 노인이라면 자신과 살아온 인생에 대해 자부심을 느낄 것이다. 예수께서 십자가 위에서 "다 이루었다"(요 19:30) 말씀하셨듯이 노년기는 모든 것을 이루는 결실의 계절이다. 예수의 삶이 마지막 십자가 위에서 완성되었듯이 노인의 시기도 마찬가지다. 예수의 십자가 죽음 뒤에 부활이 있듯, 완성의 계절 노년기 다음에 영원한 삶이 기다리고 있다. [350]

> "내가 진실로 진실로 네게 이르노니 네가 젊어서는 스스로
> 띠 띠고 원하는 곳으로 다녔거니와 늙어서는 네 팔을 벌리
> 리니 남이 네게 띠 띠우고 원하지 아니하는 곳으로 데려가
> 리라"(요 21:18)

베드로의 죽음을 예언 형태로 설명한 예수의 말씀이지만, 필자는 오늘날 나이 든 노인의 처지를 잘 설명하는 듯 보여 이 구절을 인용했다. 젊을 때는 건강하고 힘이 넘쳐서 하고 싶은 일을 하고 가고 싶은 곳을 마음대로 돌아다닐 수 있다. 그러나 나이가 들어 기력이 쇠하면 가족이나 타인의 도움을 받아야 거동할 수 있게 된다. 독립이 불가능해지면, 더 구체적으로 표현해 '혼자 화장실에 갈 수 없다'면[351] "남이 네게 띠 띠우고 원하지 아니하는 곳으로 데려가리라"로 묘사된 현실이 발생할 수 있다. 집에 머물고 싶지만 주위 사람들의 권유나 성화에 못 이겨 요양시설이나 요양병원으로 거처를 옮기는 비극이 '나'에게 벌어질 수 있다. 서글픈 일이긴 하지만 어쩔 수 없다. 나이를 먹으면 점점 더 많은 것을 내려놓아야 한다. 가족에게, 주위 사람들에게 종국에 하나님께 모

든 것을….[352]

헤르만 헤세(1877~1962)의 시 가운데 〈날아가는 낙엽〉이 있다.

"마른 나뭇잎 하나가
바람에 실려 내 앞을 날아간다.
방랑도 젊음도 그리고 사랑도
알맞은 시기와 종말이 있다.

저 잎은 궤도도 없이
바람이 부는 대로 날아가서
숲이나 시궁창에서 간신히 멈춘다.
나의 여로는 어디서 끝날까."

봄에 자란 잎은 여름에 푸르러졌다가 가을이 되면 낙엽으로 생을 마감한다. 인생도 마찬가지다. 다 때가 있다. 마칠 시간이 다가오면 덤덤하게 받아들여야 한다.

"범사에 기한이 있고 천하 만사가 다 때가 있나니 날 때가 있고 죽을 때가 있으며 심을 때가 있고 심은 것을 뽑을 때가 있으며" (전 3:1-2)

내려놓아야 할 것 중에는 재산도 포함된다.

"어떤 사람이 부자가 되더라도, 그 집의 재산이 늘어나더라도, 너는 스스로 초라해지지 말아라. 그도 죽을 때에는 아무것도 가지고 가지 못하며, 그의 재산이 그를 따라 내려가지 못한다." (시 49:16-17 표준새번역)

공수래 공수거(空手來 空手去)라는 말처럼 인생은 빈손으로 왔다가 빈손으로 돌아가는 존재이다. 위에서 보듯, 성경은 남이 부해지고 그 집 재물이 늘어나도 위축될 필요가 없다고 분명하게 말한다.

"이르되 내가 모태에서 알몸으로 나왔사온즉 또한 알몸이 그리로 돌아가올지라 주신 이도 여호와시요 거두신 이도 여호와시오니 여호와의 이름이 찬송을 받으실지니이다 하고" (욥 1:21)

욥기 말씀처럼 인간은 말 그대로 "알몸"으로 왔다가 "알몸"으로 돌아간다. 그러므로 남과 나를 비교할 필요가 없다. "주신 이도 여호와시요 거두신 이도 여호와시"라고 고백하는 욥의 당당한 태도를 우리는 본받아야 한다. 전도서 기자는 분수에 맞지 않는 재물 소유에 대해 우려를 표한다.

"내가 해 아래에서 큰 폐단되는 일이 있는 것을 보았나니 곧 소유주가 재물을 자기에게 해가 되도록 소유하는 것이라 그

재물이 재난을 당할 때 없어지나니 … 그가 모태에서 벌거벗
고 나왔은즉 그가 나온 대로 돌아가고 수고하여 얻은 것을 아
무것도 자기 손에 가지고 가지 못하리니"(전 5:13-15)

다시 한번 부연하거니와, 이생을 떠날 때 아무것도 가지고 갈
수 없다. 여생이 얼마 남지 않을수록 외모, 돈, 권력, 명예의 가치
는 급락한다. 그때 중요한 것은 오직 하나, 우리가 하나님의 심판
대 앞에 선다는 사실이다("…우리가 다 하나님의 심판대 앞에 서리라" 롬 14:10).
젊은 시절에 추구하고 성취한 결과물을 황혼기에 평가해 보면 별
것 아닌 것이 한둘이 아니다. 나이가 들면 구부정한 자세, 가느다
란 팔다리, 느린 걸음걸이 등 누가 누군지 구분할 수 없을 만큼 외
모가 비슷해진다. 모든 것이 덧없다고 느껴지는 것이 어쩌면 당
연하다. 쇼펜하우어는 "70살이 되어서야 비로소 전도서의 첫 구
절을 완전히 이해할 수 있게 된다"고[353] 말했다.

"…전도자가 이르되 헛되고 헛되며 헛되고 헛되니 모든 것이
헛되도다"(전 1:1-2)

'부자와 거지 나사로' 비유에서(눅 16:19 이하) 보듯이 생전에 구제
와 자선에 인색했던 부자는 음부에서 고통을 당하는 한편 거지는
아브라함의 품에 안기게 된다.

"보물을 땅에 쌓아두지 말라 거기는 좀과 동록이 해하며 도둑

이 구멍을 뚫고 도둑질하느니라" (마 6:19)

위의 말씀을 기억하며 나이가 들수록 가치가 줄어드는 재물을 가지고 어려운 사람들을 돕고 선한 일을 위해 사용하도록 힘쓰자.

> "백발노인으로서 분별력이 있고, 원숙한 사람으로서 남에게 좋은 충고를 줄 수 있다는 것은 얼마나 좋은 일이랴? 노인이 보여 주는 지혜와 지위높은 사람이 주는 뜻깊은 충고는 지극히 훌륭한 것이다. 풍부한 경험은 노인의 명예며 주님을 두려워하는 것은 그의 참된 자랑이다." (시락서(집회서) 25:4-5 공동번역)

유대인들은 분별력과 지혜를 갖춘 노인을 높이 평가한다. 연륜에 따른 풍부한 경험과 하나님을 두려워할 줄 아는 태도야말로 명예이자 자랑거리다. 남들에게 유익하고 좋은 충고를 해줄 만큼 가치 있는 노인들이 존재하는 사회와 공동체는 복되다. 멘토의 판단력에 따르고 조언에 귀 기울일 줄 아는 이들이 있을 때 지혜로운 노인의 존재는 더욱 빛이 난다. 시락서(집회서)는 아홉 종류의 행복한 사람에 대해 소개한다. 그중 하나가 "자기 말을 경청하는 청중을 가진 사람"이다(25장 9절). 판소리를 감상하는 수준이 경지에 이르렀을 때 그를 '귀명창'이라고 부른다. '귀명창이 좋은 소리꾼을 낳는다'는 말도 있다.[354] 들을 줄 아는 사람이 있어야 명창이 나오듯, '경청하는 젊은이'가 존재해야 지혜로운 노인의 가치도 상승한다.

2. 죽을 준비

약 2000년 전 로마 황제이자 스토아 철학자였던 마르쿠스 아우렐리우스는 『명상록』에서 죽음이 언제 시작되는지, 자신의 견해를 밝혔다.

"사람이 얼마나 순간적이고 보잘것없는지를 봐라. 어제는 엄마 뱃속에 있다가, 내일은 관 속의 시체나 먼지로 사라진다. 죽음은 언제부터 시작될까? 아마 태어나는 순간일 것이다."[355]

물론 출생하자마자 죽음의 사신이 따라붙지는 않지만, 의학계에서는 노화가 생각보다 일찍 시작된다고 본다. 시각 굴절 작용의 한계는 열 살부터, 고음 청취력은 청소년기부터 감소하고, 기억력 일부는 열두 살부터 약해진다. 남자의 성적 능력은 십육 세 정점 이후 쇠퇴한다(킨제이보고서).[356] 의학계에서는 '사람 나이가 40대 중반을 넘으면 관자놀이에 총구를 겨누고 사는 것과 마찬가지'라는 우스개 소리도 회자된다.[357] 물론 '방아쇠를 언제 당기느냐'는 건강 관리란 관점에서 각자의 선택에 달렸다.

헤르만 헤세는 〈안개 속에서〉라는 시를 통해 노년의 고독을 묘사했다.

(중략)

나의 인생이 아직 밝던 시절엔

세상은 친구들로 가득했건만,

이제는 안개가 내리어

보이는 사람 하나도 없다.

피할 수 없이 그리고 조용히

모든 것에서 사람을 갈라놓는

그 어둠을 모르고 사는 사람은

참으로, 현명하다 할 수 없다.

안개 속을 거니는 이상함이여!

인생이란 고독한 것.

사람들은 서로 모르고 산다.

누구나 혼자다.

나이가 들면 외롭기 마련이다. 친구들도 하나둘 세상을 떠나고 심지어 배우자를 먼저 보내는 경우도 생긴다. 자식들은 타지에서 먹고살기 바쁘다. 기력이 떨어져 거동이 불편하니 외출도 자유롭게 하기 힘들다. 염세주의 철학자 쇼펜하우어는 "자기 자신의 본연의 모습대로 살"기 위해서는 홀로 있어야 한다며 '고독' 사랑을 강조한다.[358] 그는 또한 "마음의 근본적인 참된 평화와 기분의 완전한 평정"도 고독 속에서 추구할 수 있고 철저한 은둔을 통해서

유지될 수 있다고 보았다. 359)

"일찍부터 고독과 친숙하고 결국에 고독을 사랑하는 데까지
이른 사람은 금광을 손에 넣은 것과 다를 바 없는 것이다."360)

청년기에는 직관이 발달하여 시에 빠져들고, 노년기에는 사고
가 원숙해져 철학하기 좋은 시기라는 쇼펜하우어의 지적을 받아
들이자면,361) 노년기에는 홀로 사색하며 인생을 되돌아보고 시간
을 보내기 적합한 시기이다. 그러므로 이때 '혼자 지내기'에 익숙
해져 있어야 한다.

"나는 나의 말년이 흥미롭다. 면도할 때와 거울을 볼 때를 제
외하면, 내가 늙었다는 생각이 전혀 들지 않는다."

전설의 록밴드 롤링 스톤즈의 멤버 키스 리처드(1943~)의 말이
다. 362) 아침에 면도하기 위해 거울을 볼 때 필자는 세상에서 제일
마음에 들지 않는 사람의 모습과 마주치곤 한다. 필자에게 가장
못마땅한 존재가 바로 나 자신이다. '여자의 적은 여자다'라는 말
이 있듯이363) '나의 적은 나'다. 누구나 비슷한 경험을 했을 것이
다. "가진 게 많았다면", "능력이 출중했더라면" 지금보다 훨씬 나
은 삶을 살고 있었을 것이라고 본인에 대해 유감을 품고 있는 사
람이 많다. 자신의 생을 돌아보고 있노라면 "이렇게 판단했더라
면", "저쪽 길로 갔더라면…" 등등 미련과 회한이 마음속에 가득

차오르기 마련이다.

노년기에 접어들면 이런 태도조차 바뀌어야 한다. 과거에 대한 부정적인 시각을 지워버려야 한다. 천천히 삶을 정리해 가는 차원에서 가장 먼저 자신과 화해해야 한다. 나름대로 열심히 살아온 스스로를 대견하게 여기고 '쓰담쓰담' 위로 해주자. 그리고 "잘했다"고 칭찬도 하자. 내가 '나'를 인정하지 않으면 누가 날 인정하겠는가! 나의 과거와도 화해하자. 과거는 되돌릴 수 없다. 그 과거가 현재의 나를 만들었다. 있는 그대로 받아들이자. "이만하면 됐다"며 한발 물러서자. 더 이상 욕심을 부리지 말자. 노년의 장점은 너그러움이다. 한 발만 뒤로 물러서면 더 이상 티격태격하지 않고 자신과 타인을 엄격함으로 대하지 않을 여유가 생긴다. 용서도 가능해진다.

노년기에는 앞을 내다보기보다는 뒤를 돌이켜 본다. 외부에 관심을 두기보다는 자신에게 집중한다. 노인에게는 내면 깊이 침잠하여 스스로를 돌아볼 기회와 시간이 많아진다. 자기 성찰은 내면의 성숙을 이끌어낸다. 하나님 앞에 설 날이 가까워짐에 따라 노인들은 지금까지의 삶을 되돌아보고 현재 신앙 상태와 내세에 대한 소망을 종종 점검하기 마련이다. 그런 의미에서 노년은 하나님과의 관계가 더욱 돈독해지고 영성도 한 단계 업그레이드되는 때이다. 개인의 노력 여하에 따라 좀 더 건강하게 오래 살 수 있지만, 성경은 개인의 연수가 정해져 있다고 말한다.

"…나를 위하여 정한 날이 하루도 되기 전에 주의 책에 다 기

록이 되었나이다" (시 139:16)

시편 기자는 차라리 언제까지 살게 될지 앎으로써 자신의 한계를 직시할 수 있도록 해달라고 하나님께 간구하고 있다.

"여호와여 나의 종말과 연한이 언제까지인지 알게 하사 내가
나의 연약함을 알게 하소서" (시 39:4)

지혜로운 자가 되기 위해서는 인생의 유한함을 깨닫는 것이 무엇보다 중요하다. '생이 얼마나 남았는지' 늘 염두에 두면서 살아가는 사람은 현명한 존재이다. 그는 무모한 판단이나 어리석은 결정을 내리지 않는다.

"우리에게 우리 날 계수함을 가르치사 지혜로운 마음을 얻게
하소서" (시 90:12)

우리는 언젠가 세상을 떠날 것이다. 노인의 경우라면 확률적으로 '그날'이 젊은이보다 가깝다.

아이가 죽은 새를 보고 아버지에게 물었다. "죽었어요?" 아버지가 대답했다. "그렇단다." 아이는 묻는다. "왜 죽었을까요?" 아버지는 대답한다. "살아있는 것은 모두 다 죽게 마련이지." 아이는 놀라서 묻는다. "아빠도, 엄마도요? 그리고 저도요?" "

그렇단다." 아버지가 대답하면서 덧붙여 "얘야, 너는 오랫동안 행복하게 잘 살고 나서야 세상을 떠나게 될 거야."라고 말했다. 아이는 다시 묻는다 "왜요?" 아버지 대답은 이랬다. "하나님이 세상을 그렇게 지으셨으니까." 아이는 또 묻는다. "왜요?" "그래야 생명이 값지지 않겠니. 얘야? 영원히 가질 수 있는 건 절대로 귀중한 게 아니란다!" 아버지의 대답이었다.[364]

생명은 유한하기 때문에 소중하다. 산 날보다 살 날이 적은 노인에게 하루하루는 더욱 귀중하다.[365]

"장년이 되면 무료함은 점점 사라진다. 노인에게는 언제나 시간이 너무 짧다고 느껴져 하루하루가 쏜살처럼 지나가 버린다."[366]

빠르게 지나가는 시간. 주어진 소중한 하루. 그렇기 때문에 노인은 매일 감사한 마음으로 살아갈 수 있다. 젊은 세대에게 지혜를 전하자. 이런 내용은 어떨까?

"젊었을 때 아무것도 모아 두지 않은 네가, 늙어서 무엇을 찾을 수 있으랴?" (시락서 25:3 공동번역)

그들도 나이들 것임을 상기시키자. 매일 감사함으로 살 이유가 충분하다는 사실을 삶으로, 온몸으로 가르치자. 생을 얼마 남겨놓지 않은 상태에서 바울은 이렇게 말한다.

> "그러므로 우리가 낙심하지 아니하노니 우리의 겉사람은 낡
> 아지나 우리의 속사람은 날로 새로워지도다 우리가 잠시 받
> 는 환난의 경한 것이 지극히 크고 영원한 영광의 중한 것을
> 우리에게 이루게 함이니 우리가 주목하는 것은 보이는 것이
> 아니요 보이지 않는 것이니 보이는 것은 잠깐이요 보이지 않
> 는 것은 영원함이라" (고후 4:15-18)

신앙인은 나이 들수록 육신이 낡아지지만 ─비유적으로─ '속
사람'은 날로 새로워지는 경험을 한다. 믿음 있는 자는 보이지 않
는 영원한 것을 지향하는 존재로서 그에게 장차 "영광의 중한 것"
이 구현될 것이다. 종말에 관한 확신 덕분에 신앙인은 "보이는 것"
에 더 이상 미련을 두지 않고 자유한 마음을 소유할 수 있다. 성
경이 설명하는 아브라함의 삶과 죽음이야말로 모두에게 귀감이
된다.

> "아브라함이 누린 햇수는 모두 백일흔다섯 해이다. 아브라
> 함은 자기가 받은 목숨대로 다 살고, 아주 늙은 나이에 기운
> 이 다하여서, 숨을 거두고 세상을 떠나, 조상들이 간 길로 갔
> 다." (창 25:7-8 표준새번역)

아브라함은 천수를 누렸다. 그리고 늙은 나이에 기력이 쇠하여

저 숨을 거두고 조상들 곁으로 갔다. 아브라함은 "복의 근원"으로 살았다(창 12:2 표준새번역). 그는 늘그막에 아들을 얻는 행운을 가졌다. 기근이 들었을 때는 애굽으로 식솔과 가축을 이끌고 갈 정도로(창 12:10ff) 능력이 출중했다. 훈련된 318명을 거느릴 만큼(창 14:14) 가솔의 세는 막강했다. 위에서 인용한 창세기 25장 본문을 읽으면 원 없이 한평생을 산 뒤에 담담하게 죽음을 맞이한 한 인물의 모습이 눈에 선하게 그려진다.

"아버지 내 영혼을 아버지 손에 부탁하나이다"(눅 23:46)라고 말씀하시고 숨을 거두신 예수처럼, 아브라함의 최후도 하나님 손길 안에서 평안하게 마무리되었다. 각자 '어떻게 죽을지'는 결국 하나님 손에 달려 있다. 우리의 마지막도 예수와 아브라함의 본보기처럼 평화롭게 매듭지어질 수 있도록 기도로 준비하자. 평소 하나님과 동행하는 습관을 기르고 내세에 대한 소망의 크기를 키우자.

"늙어가는 법을 배우는 것은 지혜의 명작이며 최고의 인생 기술이다"라고[367] 제네바 대학에서 미학과 철학을 가르쳤던 앙리 프레데릭 아미엘(1821~1881)은 말했다. "쇠약해지고 결국 죽게 되리라는 사실을 긍정하는 일"은 자신에게 주어진 "영적 과제"라고 성 베네딕도회 뮌스터 슈바르작 수도원의 신부는 고백한다.[368] 야곱이 죽을 때 자식들을 축복했다(창 48장). 예수도 세상을 떠나 하늘로 올라가실 때 제자들을 축복했다.

> "예수께서는 그들에게 축복하시면서, 그들을 떠나 하늘로 올라가셨다"(눅 24:51 표준새번역)

임종 직전 두려움에 사로잡히는 것이 아니라, 자식들 그리고 주위 사람들을 축복하고 세상을 떠날 수 있는 영성의 소유자가 될 수 있다면 얼마나 행복할까! 잘 늙고, 잘 죽는 법을 배우자. 행복한 노년을 보내고 멋지게 죽음을 맞이하는 신앙의 선배들을 귀감으로 삼자.

3. 소망

마가복음 14장에 예수께서 베다니 나병환자 시몬의 집에서 식사하는 장면이 소개된다. 식사하실 때 한 여인이 값비싼 향유를 예수의 머리에 붓는 사건이 발생했다. 향유 가격이 삼백 데나리온에 달하는지라 —한 데나리온은 노동자 하루 품삯에 해당— 주위 사람들이 화를 내며 '비싼 향유를 왜 허비하냐'고 여인을 꾸짖었다. 향유를 팔아 가난한 사람에게 나누어줬더라면 더 좋았을 것이라고 훈수까지 뒀다. 하지만 죽음이 임박했음을 알고 계신 예수는 다른 시각으로 여인의 향유 붓는 행위를 이해했다.

> "그는 힘을 다하여 내 몸에 향유를 부어 내 장례를 미리 준비하였느니라" (8절).

예수는 이어 사람들의 도덕적 판단에 대해서도 한 말씀 하셨다.

"가난한 자들은 항상 너희와 함께 있으니 아무 때라도 원하
는 대로 도울 수 있거니와 나는 너희와 항상 함께 있지 아니
하리라" (7절)

'여인의 향유 부음'을 경제윤리적 관점으로("허비") 해석하는 사
람들에게 예수는 이 사건을 곧 있을 자신의 죽음을 알리는 기회
로 활용하셨다. "그가 내게 좋은 일을 하였느니라"(6절) 언급하시
고 "가난한 자들은 항상 너희와 함께 있으나 나는 그렇지 않다"(7
절)고 말씀하신 예수의 목적은 다음과 같다. '내 장례 준비를 최대
한 호화롭게 해야 한다'는 의미가 아니라 '곧 죽임을 당할 것'임을
제자들에게 알림으로써 자신의 운명에 대한 경각심을 일깨우려
했던 것이다.

유대 사회에서 사람이 죽으면 시신을 물로 깨끗이 씻고(행 9:37)
냄새나는 것을 방지하기 위해 향료를 발랐다(눅 24:1). 그러고는 수
의에 해당하는 폭이 좁고 기다란 천(주로 무명이나 아마포)으로 얼굴 일
부를 제외한 시신 전체를 감쌌다.[369] "내 장례를 미리 준비하였느
니라"는 예수의 지적에 향유가 얼마나 비싼 것이냐, 빈자를 위해
사용해야 한다 … 등의 논의는 무의미해졌다.

죽음을 예감한 예수는 아무 생각 없이 '비싼 향유' 운운한 제자
들에게 여인이 향유를 붓는 사건을 자신의 장례를 미리 준비하는
행위라고 설명했다. 겟세마네 동산에서 밤새 기도하시며 "이 잔
을 내게서 옮기시옵소서 그러나 … 아버지의 원대로 하옵소서"(
막 14:36)라고 예수가 간구한 것도, 결국 자신의 죽음을 놓고 마지

막으로 하나님과 담판을 짓는 일종의 힘겨루기에 해당한다. 제자들에게 하신 "그만 되었다 때가 왔도다"(막 14:41)는 말씀에서, 아버지께서 계획하신 죽음을 받아들이기로 작정한 예수의 마음이 잘 드러난다.

> "아버지께서 나를 사랑하신다. 그것은 내가 목숨을 다시 얻으려고 내 목숨을 버리기 때문이다" (요 10:17 표준새번역)

요한복음에 따르면 예수는 죽음을, '목숨을 다시 얻기 위해 목숨을 버리는 것'으로 이해했다. 그렇다! 죽음이 끝이 아니다. 죽음은 '다음 삶'을 위해 거쳐야 할 절차 또는 치러야 할 시험 같은 것이다. 상징적인 의미로 예수는 "내가 … 내 목숨을 버"린다고 말한다. '죽임을 당하는' 것이 아니라 적극적으로 죽음을 맞이하는 예수의 태도가 그 표현에 반영되어 있다. 하나님께서는 그런 예수를 사랑하신다.

> "사망아 너의 승리가 어디 있느냐 사망아 네가 쏘는 것이 어디 있느냐 우리 주 예수 그리스도로 말미암아 우리에게 승리를 주시는 하나님께 감사하노니 그러므로 내 사랑하는 형제들아 견실하며 흔들리지 말고 … 이는 너희 수고가 주 안에서 헛되지 않은 줄 앎이라" (고전 15:55, 57-58)

인류의 죄를 대신한 예수의 죽음으로 말미암아 사망의 위력은 땅에 떨어졌다. 더 이상 죽음을 두려워할 필요가 없다. 하나님께서 허락하신 승리의 현실을 감사함으로 받아들이며 누리면 된다. 어떤 상황에서도 흔들릴 이유가 없다. 이것이 신앙인으로서 죽음을 바라봐야 하는 관점이다.

우리에게 죽음은 패배를 의미하지 않는다. 죽음이 인생의 끝이 아니다. 오히려 이생의 '우리'가 통과해야 하는 마지막 관문이다. 그 문을 지나면 지금까지와 완전히 다른 '새로운 삶'이 펼쳐진다. 일평생 하나님께서 우리와 동행해 주셨듯이 죽음의 순간에도 그는 우리와 함께 하신다. 우리를 사랑하시는 그분께 대한 무한한 신뢰 가운데 우리는, 마지막 과제인 '죽음 통과하기'도 잘 완수할 수 있다. 인생의 황혼기에 예수의 죽음과 부활을 자주 마음속에 떠올리며 적극적으로 죽음을 맞이할 준비를 하자. 예수의 죽음과 부활 관련 성경 구절들을 읽으면서, 어떤 마음가짐으로 세상과 작별할지 생각하고 죽음 이후의 삶에 대해서도 묵상하자.

노년의 때는 영구적 목적지에 도착하기 위해 필요한 준비물과 도구 목록을 점검하는 중요한 시기이다. 충실하게 살았고 주어진 달란트를 잘 활용한 자라면 누구나 사도 바울처럼 죽음을 두려워할 필요가 없다. 다음 생에서 받을 상급을 기대하며 여생을 설레는 마음으로 보내기만 하면 된다. 우리에게 의의 월계관이 준비되어 있다.

"나는 이미 부어드리는 제물처럼 바쳐질 때가 되었고, 세상을 떠날 때가 되었습니다. 나는 선한 싸움을 다 싸우고, 달려갈 길을 마치고, 믿음을 지켰습니다. 이제는, 나를 위하여 의의 월계관이 마련되어 있으므로, 의로운 재판장이신 주께 서, 그 날에 그것을 나에게 주실 것이며, 나만이 아니라 주께 서 나타나실 것을 사모하는 모든 사람에게도 주실 것입니다"

(딤후 4:6-8 표준새번역)

죽음은 새로운 삶의 시작이며, 다른 세상에 우리가 받을 상이 준비되어 있음을 믿는 사람은 헤르만 헤세의 시 〈잘 있게나, 세상이여〉 내용처럼[370] "안녕"이라고 인사하고 미련 없이 훌훌 털고 일어나 이생과 이별할 것이다.

세상은 부서지고 말았네.
한때는 우리가 이 세상을 몹시도 사랑했었지.
이제 죽음은 우리에게
두려움을 안겨 주지 않네.

세상을 비난해선 안 되지.
너무도 눈부시고 분방하지 않는가.
태고의 마력이 아직도
세상의 형상 주위에 나부끼고 있네.

우리는 감사하며
세상의 크나큰 유희에서 떠나려고 하네.

세상은 기쁨과 고통을 주었고
많은 사랑도 주었네.

잘 있게나, 세상이여
화장을 고쳐 젊고 반반한 얼굴로 만들어 보시게.
그대의 행복과 비탄에
우리는 이제 물렸네.

나가며

 2022년 데살로니키국제영화제에서 심사위원특별상을 받은 하야카와 치에 감독의 〈플랜 75〉라는 영화가 작년(2024년 2월) 한국에서 개봉되었다. 이 영화의 배경은 75세 이상의 노인에게 국가가 조력사를 무료로 제공하는 초현실적 상황이다. 서두에 한 청년이 '노인 때문에 나라 재정이 엉망이 되고 피해는 젊은이들이 받는다'고 분노하면서 요양복지시설에 들어가 총기를 난사하고 자살하는 장면이 등장한다. 이어 노인을 향한 혐오 범죄가 전국적으로 확산되는 가운데 75세 이상 고령자의 죽음을 선택할 권리를 지원하는 제도를 지원하는 법안이 국회에서 통과되었다는 소식이 매스컴을 통해 전해진다. 기업들이 곧 이 사업에 뛰어들어 영정 사진 무료 촬영, 견학 투어 등을 미끼로 고객 확보에 열을 올린다. 필리핀 이주노동자 마리아는 고국에 두고 온 딸 병원비 마련을 위해 급여가 높은 '플랜 75'의 하청 회사 랜드필로 자리를 옮긴다. 그녀는 사망자 유품을 정리하는 업무에 투입된다. 이 업체는 지금까지 산업폐기물을 처리해 왔던 회사였다.
 보건소 복도 한편에 건강검진을 받으러 온 시민들을 대상으로

'플랜 75' 홍보 영상이 흘러나온다. "인간은 태어날 땐 선택할 수 없으니까 죽을 때만큼은 내가 선택할 수 있다면 참 좋겠다 생각했죠 —'플랜 75'를 소개받는 순간— 고민 없이 바로 결정했어요." 사람들은 이 인터뷰 내용을 멍하게 앉아 듣고 있다.

히로무는 '플랜 75' 신청 창구에서 일하는 공무원이다. 상담은 1인당 30분으로 제한되어 있다. 이 짧은 시간 사이에 한 사람의 죽음이 예약된다. 하루는 오랫동안 연이 끊어진 삼촌이 찾아와 신청서를 제출한다. 히로무는 간신히 그를 알아보고 어색하게 인사를 나눴다. 이 사실을 알게 된 상사는 가까운 친척은 담당할 수 없다며 서류를 다른 직원에게 넘기라고 한다. 얼마 뒤 히로무는 삼촌 집을 찾아간다. 두 사람의 대화 도중 TV에서는 '플랜 75' 대상 연령을 65세까지 낮출 것이라는 방송이 흘러나온다.

숙박업소에서 청소부로 일하다 78세에 명예퇴직 당한 미치에게 설상가상으로 살던 임대아파트에서 나와야 하는 비운까지 발생했다. 건물이 낡아 시가 철거를 결정했기 때문이다. 나이로 인해 새 일자리를 구하기도 어려운 상황이라 미치는 '플랜 75' 신청을 결심한다. 신청 후 그녀는 콜센터로부터 전화를 받는다. "신청 감사하다"는 멘트와 함께 "불안감을 느끼면 언제든지 연락해도 된다"는 내용을 전달받는다. 콜센터 직원 나리미야는 '플랜 75' 신청자들을 대상으로 1회 15분 개인 이야기를 들어준다. 노인들이 죽기 전 느끼는 외로움이나 불안감을 덜어줄 목적으로 제공되는 특별 서비스인 셈이다. 직원과 만나면 정이 들어 신청자의 마음이 변할까 우려해 정해놓은 규칙 때문에, 미치는 손녀뻘인 나리미야를 몰래 만난다. '플랜 75'를 신청하고 정부로부터 받은 10만 엔을 "친절하게 상대해 주고 시간을 써줘서 고맙다"는 말과 함께 나리미야에게 건넨다. 미치는 받지 않으려는 나리미야의 손에 억지로 쥐어주면서 "용돈 줄 손주도 없고 쓸 데도 없다"고 말한다. 나리미야는 미치와 마지막 통화에서 떨리는 목소리로 전달 사항을 알린다.

> "플랜 75는 고객님의 희망에 따라 정부가 제공하는 서비스입니다. 만일 마음이 바뀌시면 언제든지 중단 가능합니다. 내일 아침에는 집을 나가실 때 문을 잠그지 마세요. 나중에 담당 직원이 댁을 방문해서 최종 확인을 하고 집주인에게 반환할 겁니다."

미치는 "마지막까지 신세 많이 지내요"라고 답한다. 나리미야가 "질문 있으신가요?"라고 묻자 미치는 "언제나 선생님과 대화하는 시간이 즐거웠어요. 할머니의 긴 이야기를 들어줘서 정말 고마웠어요"라고 전화기를 든 채 고개 숙여 인사한다. "그럼 이만 끊겠습니다." 수화기 너머로 나리미야의 소리가 들린다. 미치는 "잘 지내요." 반은 울먹이는 목소리로 작별 인사를 한다.

나리미야는 상급 직원에게 교육을 받는다. "노인들은 외롭거든요. 누군가 자신의 이야기를 들어주길 바라죠. 실제로 도중에 그만두려는 분들이 많으세요. 그렇게 되지 않게 잘 유도하셔야 해요." 맨 아래 단계에서 웃는 얼굴과 목소리로 노인들을 '플랜 75',

즉 죽음으로 이끄는 건 젊은이들이다.[371] 죽음마저 관리되는 미래 디스토피아가 소개된 셈인데 어쩐 일인지 낯설게 느껴지지 않는다. 이미 디스토피아가 우리 앞에 성큼 다가와 있는 것일까?

총인구 30퍼센트가 넘는 1차·2차 베이비부머들(1955~1963년, 1964~1974년)의 은퇴가 진행 중이다. 우리나라는 7년 만에(일본 10년) 고령사회에서 초고령사회로 진입했다. 화들짝 놀란 정부는 노동인구 감소 문제를 해결하고 국민연금 기금 소진을 막기 위해 노인 기준을 65세에서 70세로 상향하는 안을 만지작거리고 있다.[372] 부족한 생활비를 메우기 위해 고령인에도 불구하고 일할 수밖에 없는 노인 인구가 많은 현실에서 노인 연령 기준을 올리는 것이 과연 문제 해결을 위한 타당한 방법인지 우리 모두 자문해 봐야 한다.[373] 언론들은 최근 하나금융연구소 '대한민국 금융소비자 보고서 2025'를 인용하면서 노후 자금을 넉넉하게 준비한 기혼 가구는 12.8%에 불과하며, 이들이 충분하다고 예상하는 금액은 18억 6000만 원이라고 보도함으로써 초고령사회로 진입한 한국호(號) 승객들의 마음을 편치 않게 만들고 있다.[374]

아닌 게 아니라 요즘 고령화 관련 주제가 TV, 언론, 유튜브 등 각종 매체에서 홍수처럼 쏟아져 나온다. '은퇴 후 월 생활비로 최소 얼마는 있어야 한다.' '나이 들면 무슨 병이 잘 걸리니 조심하라.' '근력운동이 필요하다.' '건강을 위해 무엇을 먹고/먹지 말고, 이런 것들을 해야/하지 말아야 한다.' 등등. 기업들은 고령화를 새로운 기회로 보고 너 나 할 것 없이 실버산업에 뛰어들고 있다.[375] 여유 있는 개인조차 길어진 여생을 잘 보내기 위해 건강·여가·자산·인간관계 관리 등 신경 쓸 것이 한둘이 아니다. 정신 똑바로 차리기 힘들 지경이다 보니 심리적 안정을 찾기란 여간해서는 쉽지 않다. 느긋하고 편안한 마음으로 행복한 여생을 보낼 수 있는 물리적 조건을 갖춘 이들조차 때로 마음 한구석에서 피어오르는 불안감에 휩싸이기 일쑤다. 경제적 준비가 미흡한 노년층의 경우, 앞으로 펼쳐질 열악한 상황과 형편은 잠깐만 생각해도 충분히 머릿속에 그려진다.

초고령화 시대 초입에 우리 사회에서는 거대한 패러다임 쉬프트(인식체제의 대전환) 현상이 발생하고 있다. 거시적으로는 고령화 추세에 맞게 국가 재정을 재조정하고, 노동력 확보를 위한 다양한 방법들을 모색하고, 주거 형태도 바꾸고, 노인이 마을/지역에 계속 살 수 있도록 프로그램을 운영하는 다양한 노력이 이루어지고 있다. 미시적으로는 개인 각자가 장수가 '저주'가 되지 않도록 노후를 위한 자금 확보와 건강 유지 및 체력 관리에 힘쓰고 있다. 개인·사회·국가 모두 새로운 상황에 적응해 가려고 애쓰는 중이다. 실로 격동과 혼란의 시기라 아니할 수 없다. 앞으로 어떻게 될까? 국가나 사회가 고령화 문제를 해결할 수 없다는 사실이 분명해지면서 각자도생의 징후가 더욱 뚜렷해지는 방향으로 가닥이 잡힐까? 아니면 거대 시스템이 우리 삶에 개입해 들어와 통제를 강화하는 방식으로 해결의 실마리가 풀릴까(<플랜 75>)? '제3의 길'이 존재할까? 예를 들어 사회적 대통합안이 제안·발의되고 충분한 토론과 적법한 절차를 통해 고령화 문제 해결을 위한 합리적인 안이 통과·실행되는 것.

'앞으로 어떻게 될지'는 아무도 모른다. 이 시점에서 필자는 독일 신학자 요르크 징크(1922-2016)가 늙어감에 대해 사유했던 내용을 소환한다. 그는 딱딱한 연구보다는 인간에 대한 깊은 성찰을 바탕으로 신앙의 의미를 오늘날의 언어로 풀어내는 작업에 한평생을 바친 인물이다. 징크는 66세에 『나는 기꺼이 늙는다』(Ich werde gerne alt)는 책을 출판한 뒤 23년 후 『시간의 침묵. 늙어감에 대한 사유』라는 책을 썼다. 그사이 노학자는 뇌졸중과 심근경색을 앓으면서 여러 번 수술을 받아야 했다. 60대 중반에 자신감 넘치는 어조로 '나이 듦'에 대해 논했으나 노후 질병에 시달리고 고통을 겪으면서 징크의 노년에 대한 사유는 더욱 원숙해졌다.[376]

> "분명한 사실은 삶 전체는 겁쟁이를 위해 설계되지 않았다는 것입니다. 나이 듦도 마찬가지입니다. 두려워하는 것은 결코 삶에 도움이 되지 않습니다. … 겁쟁이가 되는 것은 늙어가는데 조금도 도움이 되지 않습니다. 하지만 늙는다는 것이 … 영웅을 위한 것도 아닙니다. 마지막 남은 방식으로 끝까지 사는 자가 결국 노인이 되므로 노년은 나이를 거슬러 이겨야 한다고 믿는 자들을 위한 것이 아닙니다. 노화를 극복할 수 있다고 꿈꾸는 자는 약을 복용함으로써 살아남을 수 있다고 생각하는 겁쟁이일 뿐 아무것도 할 수 없습니다."

징크는 나이 들어가는 우리에게 겁쟁이로 살지 말 것을 촉구한다. 그렇다고 해서 나이에 맞서 싸우는 영웅처럼 사는 것이 현명한 선택이라고 말하지도 않는다. 노학자는 우리에게 허황된 기대를 버리고 겁쟁이와 영웅 사이에서 중용의 길을 택해 "끝까지 사는 자"가 될 것을 권하고 있다.

필자는 여기에 추가로 "호랑이에게 물려가도 정신만 차리면 산다"는 속담을 잊지 말자는 말을 하고 싶다. 초유의 상황이나 새롭게 발생하는 일련의 사건들 가운데서 우리 각자는 공동체나 국가가 어떤 방향으로 나아가는 것이 좋을지 숙고하며 다양한 의견을 들으며 여론 추이도 살피는 노력을 게을리하지 말자. 적게 가졌든, 많이 가졌든 '고령화'와 '죽음'이라는 문제와 맞닥뜨렸을 때, 개별적으로 느끼는 걱정과 두려움의 분량은 대동소이하리라 본다. 흔히 가난한 이들이 겪는 노후 현실이 더 열악하고 고통스럽다고 말한다. 전적으로 옳다! 하지만 '죽음'을 놓고 보면 사정이 달라지지 않을까? 잃을 것이 많은 부자들이 죽음에 대해 느끼는 공포가 오히려 더 클 수 있다. 최저임금제(2025년 시간당 10,030원), 국민연금, 기초노령연금, 지자체별 행정복지센터 노인일자리 지원사업 등 다양한 사회 안전망 덕분에 절대적 빈곤에 허덕일 위험은 과거에 비해 많이 사라졌다. 많은 이들이 노후 준비를 어느 정도 해놨을 것이고, 또 그래야 마땅하다. 따라서 자기 훈련과 마음의 준비가 어느 정도 되어 있다고 가정한다면, 고령화와 죽음 앞에서 느끼는 염려와 근심의 크기는 개인의 노후 자산 액수에 따라 자동적으로 정해지는 것이 아니라고 말할 수 있다. 성경도 아래 구절들을 통해 마음의 중요성을 강조하고 있다.

"무엇보다도 네 마음을 지켜라. 그것이 바로 복된 삶의 샘이다" (잠 4:23 공동번역)

"… 자기의 마음을 다스리는 자는 성을 빼앗는 자보다 나으니라" (잠 16:32)

1930년 페르시아에서 프레야 스타크(1893~1993)는 죽을 고비를 몇 차례나 넘긴 끝에 전설로 전해져 온 고대 아사신파의 성채를 찾아내는 쾌거를 올렸다. 1993년 백살의 나이로 스타크가 이탈리아에서 숨을 거뒀을 때 〈뉴욕타임스〉는 3단짜리 부고소식을 전하면서 그녀를 "달관의 경지에 오른 여행의 달관자"로 묘사했다. 서른 권이 넘는 책을 쓴 스타크는 『바람 속의 페르세우스』에서 이렇게 말했다. [377]

"여행자가 챙겨야 할 가장 중요한 품목은 자기 자신이다."

그렇다! '나'를 꼭 챙겨 여행길에 오르듯, '초고령사회에서 잘 살기'라는 초유의 길을 찾아 떠나는 우리에게 중요한 것은 '나'이다. '나'를 잃지 말아야 한다. 스타크는 네 살 때 사람(특히 부모)이 영원히 살지 못한다는 사실을 알고는 충격에 사로잡혔다. 죽음에 대한 두려움이 그녀의 마음 한구석에 늘 웅크리고 있었다. 스타크는 죽음을 저술의 중요 모티프 중 하나로 다루면서, 죽음에 맞서기 위해 용감하게 모험에 나섰다. 그녀는 죽음을 '진정한 분리'로, 죽음

의 두려움은 '친숙한 것에서 떠날 때의 망설임'으로 정의했다. [378]

　우리 몸은 결국 사멸한다. 이를 인정하고 담담하게 받아들이는 마음가짐이 중요하다. 그런 '나'를 노년에 챙겨야 한다. 헤세의 〈낙엽〉이란 시를 읽어보자. [379]

　　　"모든 꽃잎은 열매가 되려 하고
　　　모든 아침은 저녁이 되려 한다.
　　　이 땅에 영원한 것은 없다.
　　　변화와 소멸만 있을 뿐.

　　　지극히 아름다운 여름도
　　　가을과 시듦을 맛보려 한다.
　　　나뭇잎아,
　　　바람이 너를 데려가려 하거든
　　　가만 있거라.

　　　네 놀이나 하며 막지 말아라.
　　　가만히 두어라.
　　　바람이 너를 꺾으면
　　　바람에 실려 집으로 날아가리라."

　가을이 오면 낙엽은 시들어 떨어질 준비를 한다. 강한 바람이 불면 낙엽은 결국 날려간다. 이것이 자연의 이치이다. 아우렐리우스 황제도 '죽음 맞이' 준비에 대해 강조한다. 여러분의 마음가짐과 대비 상태는 어떠한가?

> "당신은 바로 이 순간에 죽음이 다가왔다고 생각하고 모든 행위와 신념을 정리하라."[380]

모세는 마지막이 얼마 남지 않았음을 직감하자 후계자 여호수아를 세우고(신 31장) 노래를 부르고(신 32장), 이스라엘을 축복했다(신 33장). 그리고 나이 든 사람이라면 누구나 부러워할 법한 상태로 숨을 거두었다.

> "모세가 죽을 때 나이 백이십 세였으나 그의 눈이 흐리지 아니하였고 기력이 쇠하지 아니하였더라" (신 34:7)

고령화 공포 마케팅에 휩쓸리지 말자. 행여나 잘못 판단해서 노년에 '나'를 잃는 우를 범하지 말자. 끝까지 기력을 유지하다가 가족과 주위 사람들을 축복하며 세상과 이별하는 여러분이 되기를 기원한다. 마지막으로 『걸리버 여행기』의 저자 조나단 스위프트(1667~1745)가 남긴 '내가 늙었을 때 명심해야 할 일'을 소개한다.[381]

> 젊은 여성과 결혼하지 말 것.
> 젊은이들이 진정으로 원하는 경우가 아니면 친구 삼으려 하지 말 것.

짜증 내거나 시무룩해 하거나 의심스러워하지 말 것.

현재의 방식, 유머, 패션, 남자, 전쟁 등을 비난하지 말 것.

아이들을 좋아하지 말며, 아이들이 내 곁에 절대로 오지 못하게 할 것.

같은 사람한테 했던 말을 또 하고 또 하고 하지 말 것.

탐욕 부리지 말 것.

더러워지는 불안함 때문에 품위나 청결을 무시하지 말 것.

젊은이들에게 너무 엄격하지 말고,

젊음에서 말미암는 어리석음과 약점을 참작할 것.

품위와 청결을 소홀히 하지 말 것.

조언이나 훈계를 남발하지 말 것.

나의 조언을 청하는 사람 외에는 청하지도 않은 조언은 삼갈 것.

많은 말을 삼갈 것. 특히 내 얘기를.

과거의 아름다움이나 건강을 자랑하지 말 것.

참고문헌

Achenbach, Gerd B. *Vom Richtigen im Falschen.* Wege philosophischerer Lebenskönnerschaft. Herder spektrum 5270. Freiburg et. al. : Herder, 2003.

Berger, Placidus. *Ars Moriendi.* Die Kunst des Lebens und des Sterbens. Münsterschwarzach: Vier-Türme-Verlag, 2010.

Hill, Robert W. Jr. (selected & edited by), Tennyson's Poetry. A Norton Critical Edition. New York: W. W. Norton Company, 1971.

Zink, Jörg. *Die Stille der Zeit.* Gedanken zum Älterwerden. Gütersloh: Gütersloher Verlagshaus, 72021.

데이비드 몽고메리. 이수영 옮김. 『흙. 문명이 앗아간 지구의 살갗』. 서울: 삼천리, 2011.

레프 N. 톨스토이. 동완 옮김. 『이반 일리치의 죽음』. 서울: 신원문화사, 2007.

레프 N. 톨스토이. 이상원 옮김. 『살아갈 날들을 위한 공부』. 고양: 조화로운삶, 2014.

루이스 월퍼트. 김민영 옮김.『당신 참 좋아 보이네요!』. 80대 노학자가
    쓴 긍정적 나이 듦에 대한 인생 보고서. 서울: 알키, 2012.

마르쿠스 아우렐리우스. 한형곤 옮김.『명상록』. 서울: 성우, 1991.

마리아네 코흐. 서유리 옮김.『나이 들어도 늙지 않기를 권하다』. 죽기
    전까지 몸과 정신의 활력을 유지하는 법. 서울: 동양북스, 2023.

볼프 에를브루흐. 김하연 옮김.『커다란 질문』. 서울: 베틀북, 2004.

셸리 케이건. 박세연 옮김.『죽음이란 무엇인가』. 서울: 웅진씽크빅,
    2014.

스콧 니어링. 김라합 옮김.『스콧 니어링 자서전』. 서울: 실천문학사,
    2000.

스티븐 어스태드. 최재천/ 김태원 옮김.『인간은 왜 늙는가』. 서울: 궁
    리, 2007.

시몬 드 보부아르. 홍상희/ 박혜영 옮김.『노년』. 나이듦의 의미와 그 위
    대함. 서울: 책세상, 2002.

아르투어 쇼펜하우어. 박현석 옮김.『인생론』. 고양: 예림미디어, 2007.

아툴 가완디. 김희정 옮김.『어떻게 죽을 것인가』. 서울: 부키, 2017.

아폴로도로스. 천병희 옮김.『원전으로 읽는 그리스 신화』. 고양: 숲,
    2002.

안셀름 그륀. 윤선아 옮김.『황혼의 미학』. 서울: 분도출판사, 2022.

요한 볼프강 폰 괴테. 장희창 옮김.『파우스트』. 을유세계문학전집 74.
    서울: 을유문화사, 2017.

윌리엄 셰익스피어. 신정옥 옮김.『뜻대로 하세요』. 셰익스피어 전집 6.
    서울: 전예원, 1994.

제인 플레처 제니스. 이은주 옮김.『정열의 방랑자 프레야 스타크』. 고양: 달과소, 2005.

조너선 실버타운. 노승영 옮김.『늙는다는 건 우주의 일』. 파주: 서해문집, 2016.

조엘드 로스네/ 장 루이 세르방-슈레베르/ 프랑수아 드 클로제/ 도니미크 시모네. 권지현 옮김.『노인으로 산다는 것』. 서울: 계단, 2014.

조지프 F. 코글린. 김진원 옮김.『노인을 위한 시장은 없다』. 고령화의 공포를 이겨 낼 희망의 경제학. 서울: 부키, 2019.

키케로. 오홍식 옮김.『노년에 관하여』. 서울: 궁리, 2002

파스칼 브뤼크네르. 이세진 옮김.『아직 오지 않은 날들을 위하여』. 서울: 인플루엔셜, 2021.

폴 스티븐스. 박일귀 옮김.『나이듦의 신학』. 서울: CUP, 2018.

폴 투르니에. 강주헌 옮김.『노년의 의미』. 서울: 포이에마, 2016.

표도르 도스토옙스키. 이동현 옮김.『지하생활자의 수기』. 서울: 문예출판사 2023.

표도르 도스토옙스키. 김연경 옮김.『카라마조프 가의 형제들 2』. 서울: 민음사, 2009.

플라톤. 박종현 역주.『국가』. 파주: 서광사, 2016.

피델리스 루페르트. 정하돈 옮김.『노년을 위한 마음 공부』. 왜관: 분도출판사, 2016.

피터 아티아/ 빌 기퍼드. 이한음 옮김.『질병 해방』. 치매, 암, 당뇨, 심장병과 노화를 피하고 건강하게 오래 사는 법. 서울: 부키, 2024.

필리스 체슬러. 정명진 옮김. 『여자의 적은 여자다』. 서울: 부글북스, 2009.

필리프 다움. "근력운동·수면·인간관계 '보약'," 「이코노미 인사이트」 172(2024년 8월), 101-106.

필리프 다움. "유전자 영향 25%, 노력이 수명 결정," 「이코노미 인사이트」 172(2024년 8월). 95-98.

필리프 다음. "'지침' 잘 따르면 120살까지 산다," 「이코노미 인사이트」 172(2024년 8월). 99-101.

헤시오도스. 천병희 옮김. 『신들의 계보』. 고양: 숲, 2012.

헨리 나우웬/ 월터 개프니, 최종훈 옮김. 『나이 든다는 것』. 서울: 포이에마, 2017.

헬렌 니어링. 이석태 옮김. 『아름다운 삶, 사랑 그리고 마무리』. 파주: 보리, 2014.

고미숙. "청춘으로부터의 해방, 몸으로부터의 자유," in: 고미숙 외, 『나이듦 수업』(파주: 서해문집, 2016), 15-53.

김승호. 『돈의 속성』. 최상위 부자가 말하는 돈에 대한 모든 것. 파주: 스노우폭스, 2020.

문성택/ 유영란. 『실버타운 올가이드』. 100세 시대 최고의 노후 주거지. 서울: 한국경제신문, 2022.

박승옥. "국가인가 공동체인가," 「녹색평론」 111(2010년 3-4월), 78-93.

송영길. 『시대예보: 핵개인의 시대』. 파주: 교보문고, 2023.

유재덕. 『성경시대 사람들은 어떻게 살았을까』. 서울: 작은행복, 1999.

이청준. 『축제』. 서울: 열린원, 1996.

정윤수. "죽음마저 짐이 되는 사회," 「녹색평론」 131(2013년 7-8월) 110-122.

정회원. 『느리게 나이드는 습관』. 서울: 한빛라이프, 2023.

조광호. 『경제위기 속에서 다시 읽는 복음서』. 서울: 한들출판사, 2015.

조광호. 『국가와 종교』. 이론과 역사적 예. 서울: 부크크, 2021.

조광호. 『바울과 함께 걷는 지중해 성지순례』. 서울: 대한기독교서회, 2020.

조광호. 『아브라함의 세 종교 이야기』. 유대교, 기독교, 이슬람교. 서울: 한들출판사, 2018.

조광호. 『예루살렘에서 땅 끝까지』. 사도행전 주석. 서울장신대학교 개교 60주년 기념 총서 02. 광주: 서울장신대학교 출판부, 2014.

조광호. 『초대교회의 경제윤리와 이후의 발전』. 서울: 한들출판사, 2019.

조광호. 『코로나19 위기』 신앙인에게 필요한 사회·경제·생태적 소양. 서울: 부크크, 2020.

조광호. 『하나님 경제 vs 시장 경제』. 서울: 부크크, 2022.

조광호. 『한국의 위기, 대학의 위기』. 서울: 부크크, 2024.

채상욱/ 김정훈. 『피크아웃 코리아』. 서울: 커넥티드그라운드, 2024.

현기영. "메멘토 모리," 「녹색평론」 119(2011년 7-8월) 114-118.

저자 약력 및 저술 목록

조광호(趙光鎬)

건국대학교 문리과대 사학과(B.A.)와 장로회신학대학교 신대원 (M.Div.)을 졸업하고 독일 마인츠대학, 함부르크대학을 거쳐 빌레펠트 베델신학대학(Kirchliche Hochschule Bethel)에서 박사학위(Dr. theol.)를 받았다. 현재는 서울장신대학교 신약학 교수로 재직 중이다.

저서로는

1. *Die Vorstellung und Bedeutung von 'Jerusalem' bei Paulus* (A. Francke Verlag, 2004)
2. 『성서헬라어』 (소망사, 2005)
3. 『자신과 세상을 바꾼 사람 바울』 바울 개론 (비빌리카 아카데미아, 2006, 재판 2016)
4. 『복음에 나타난 하나님의 의』 로마서 강해 (비빌리카 아카데미아, 2008)
5. 『사람과 세상을 이끈 인물 바울』 바울의 리더십 연구 (대한기독교서회, 2011)

6. 『고린도전서』 한국장로교총회창립 100주년기념 표준주석 (한국장로교
   출판사, 2012)

7. 『바울과 함께 걷는 지중해 성지순례』 (대한기독교서회, 2013, 2쇄 2014, 3
   쇄 2020)

8. 『예루살렘에서 땅 끝까지』 사도행전 주석 (서울장신대학교, 2014)

9. 『바울이 머물다 간 지중해 섬들』 키프로스·사모트라키·레스보스·히오
   스·사모스·코스·로도스 (대한기독교서회, 2015)

10. 『경제위기 속에서 다시 읽는 복음서』 (한들출판사, 2015)

11. 『바울을 찾아가다 만나 지중해 섬들』 크레타·시칠리아·말타 (대한기
    독교서회, 2017)

12. 『아브라함의 세 종교 이야기』 유대교·기독교·이슬람교 (한들출판사,
    2018)

13. 『초대교회의 경제윤리와 이후의 발전』 (한들출판사, 2019)

14. 『코로나19 위기』 신앙인에게 필요한 사회·경제·생태적 소양 (부크크,
    2020)

15. 『국가와 종교』 이론과 역사적 예 (부크크, 2021)

16. 『하나님 경제 vs 시장 경제』 (부크크, 2022)

17. 『민주주의 위기와 교회의 역할』 (부크크, 2023)

18. 『한국의 위기, 대학의 위기』 (부크크, 2024) 가 있다.

미주

1) 조엘드 로스네 외, 「노인으로 산다는 것」 (서울: 계단, 2014), 8에서 인용.

2) 윌리엄 셰익스피어, 「뜻대로 하세요」 (서울: 전예원, 1994), 2막 7장, 71f; 루이스 월퍼트, 「당신 참 좋아 보이네요!」 (서울: 알키, 2012), 16f에서 인용.

3) 졸저, 『한국의 위기, 대학의 위기』(서울: 부크크, 2024), 9f.

4) 참고. 〈구글 트렌드〉 "연금", "고령화".

5) 폴 스티븐스, 『나이듦의 신학』(서울: CUP, 2018), 24.

6) 〈세계일보〉 2024.04.14 "초저출생과 흔들리는 백년대계" (https://v.daum.net/v/20240414225808671) 검색 2024.08.09. 19:31.

7) 〈이데일리〉 2025.01.06 "초고령사회의 기습" (https://v.daum.net/v/20250106050107193) 검색 2025.01.06. 21:32. 〈아시아경제〉 2024.12.26 "대한민국, 5명 중 1명은 노인…'초고령사회' 진입" (https://v.daum.net/v/20241226102659811) 검색 2025.01.07. 13:55.

8) 〈동아일보〉 2024.12.25 "인구 20%가 65세 이상 '초고령사회' 됐다" (https://v.daum.net/v/20241225014148687) 검색 2025.01.06. 21:42.

9) 〈서울경제〉 2024.04.04 "'노인 기준' 70세로 올리면 재정부담 40%

↓ …" (https://v.daum.net/v/20240404174322075) 검색 2024.08.09. 19:07.

10) 〈세계일보〉 2024.04.14 "초저출생과 흔들리는 백년대계" (https://v.
    daum.net/v/20240414225808671) 검색 2024.08.09. 19:31.

11) 2024년 7월 29일 통계청이 발표한 2023년 인구주택총조사에 따르
    면 2023년 내국인 총수는 전년 대비 10만 1000명 감소한 4983만
    9000명이다. 외국인까지 합친 총인구는 5177만 5000명이다. 〈조
    선일보〉 2024.07.29 "한국 인구 3년 만에 증가…내국인 10만 줄
    고, 외국인 18만 늘었다" (https://v.daum.net/v/20240729120039136) 검색
    2024.08.09 19:46.

12) 2023년 기준으로 0~14세 유소년 인구는 10.9%(561만 9000명), 15~64
    세 생산연령인구는 70.6%(3654만 6000명), 65세 이상 고령인구는
    18.6%(960만 9000명)를 차지했다. 2023년 0~14세 인구는 24만 1000
    명(-4.1%), 15~64세 인구는 14만 명(-0.4%) 각각 줄었지만 고령인구
    는 46만 2000명(5.1%) 늘었다. 〈한국경제〉 2024.07.29 "총인구 3
    년 만에 반등…외국인 없인 인구감소 못 피했다" (https://v.daum.
    net/v/20240729120108192) 검색 2024.08.09 20:10.

13) 파스칼 브뤼크네르, 『아직 오지 않은 날들을 위하여』(서울: 인플루엔셜,
    2021), 20; 조엘드 로스네 외, 『노인으로 산다는 것』, 10, 43.

14) 고미숙, "청춘으로부터의 해방, 몸으로부터의 자유" in: 고미숙 외, 『
    나이듦 수업』(파주: 서해문집, 2016), 20.

15) 조엘드 로스네 외, 『노인으로 산다는 것』, 10.

16) 조엘드 로스네 외, 『노인으로 산다는 것』, 10.

17) 〈서울신문〉 2024.07.08 "미국 전체 부의 70%를 보유한 베이비

붐 세대…"(https://v.daum.net/v/20240708154401982) 검색 2024.08.13. 16:14.

18) 이하 〈국민일보〉 2024.04.09 "초고령 사회! 건강이 자본이 되는 시대"(https://v.daum.net/v/20240409031013803) 검색 2024.08.09. 22:23.

19) 졸저, 『한국의 위기, 대학의 위기』, 71.

20) 〈세계일보〉 2024.01.22 "한국, 성형 횟수가 가장 많은 나라 1위 '불명예'…"(https://v.daum.net/v/20240122174315615) 검색 2024.10.29. 16:59.

21) 루이스 월퍼트, 『당신 참 좋아 보이네요!』, 117.

22) 루이스 월퍼트, 『당신 참 좋아 보이네요!』, 117.

23) Gerd B. Achenbach, Vom Richtigen im Falschen(Freiburg et. al.: Herder, 2003), 138.

24) 참고. 피델리스 루페르트, 『노년을 위한 마음 공부』(왜관: 분도출판사, 2016), 8f.

25) 루이스 월퍼트, 『당신 참 좋아 보이네요!』, 105.

26) 이하 졸저, 『한국의 위기, 대학의 위기』, 66f.

27) 〈시사저널〉 2023.12.22 "韓, OECD 중 노인빈곤율 1위…"(https://v. daum.net/v/20231222110804666) 검색 2024.08.27. 12:04.

28) 〈문화일보〉 2024.03.08 "'빈곤 노인'이 절반 … 연금 합해도 연간 가처분소득 804만원"(https://v.daum.net/v/20240308093320974) 검색 2024.08.27. 12:14.

29) 아툴 가완디, 『어떻게 죽을 것인가』(서울: 부키, 2017), 105; 이하 〈아시아경제〉 2024.08.25 "美 연금부자 역대 최대라는데…"(https://www.

asiae.co.kr/article/2024082419300116415) 검색 2024.08.27. 13:42.

30) 〈헤럴드경제〉 2025.01.02 "S&P500, 2년간 53% ↑ …올해에도 미국 증시 계속 웃을까" (https://www.asiae.co.kr/article/20250102142939015) 검색 2025.01.07. 14:55.

31) 〈JIBS〉 2024.08.26 ""노후는 무슨" … 은퇴 후 '제2의 인생'?…"
(https://v.daum.net/v/20240826130415420) 검색 2024.08.27. 14:23.

32) 2024년 7월 30일자 '2024년 5월 경제활동 인구조사 고령층 부가조사 결과' 〈시사저널〉 2024.07.30 ""계속 일하고 싶은 고령층…"
(https://v.daum.net/v/20240730165138389) 검색 2024.08.27. 17:30.

33) 한이철, 권인혜, 민경찬, "농촌소멸에 대응한 혁신과 협력의 재생 전략," 163f (한국농촌경제연구원 농업전망 2024, 제2부 2024년 농정 현안, 제6장) https://library.krei.re.kr/pyxis-api/1/digital-files/927c1fc7-f214-41b0-bdfc-d76feb00e773.

34) 〈연합뉴스〉 2024.07.27 "'전국 7대 도시'가 백화점도 문닫는 도시로…" (https://v.daum.net/v/20240727070138471) 검색 2024.08.27. 18:45.

35) 〈kbc광주방송〉 2024.05.27 "지난해 순유출 인구 절반, 3개월만에 광주·전남 떠났다…대부분 '청년'" (https://v.daum.net/v/20240527210923002) 검색 2024.08.27. 19:10.

36) 1994년 갤럽 여론조사. 이하 박승옥, "국가인가 공동체인가," 「녹색평론」 111(2010년 3-4월), 81.

37) 〈국민일보〉 2024.08.20 "병원 연명 치료 최책감…요양원서 존엄한 임종 맞아야" (https://v.daum.net/v/20240820035510986) 검색 2024.08.28. 23:17.

38) 한국의 화장률 변화는 극적이다. 1993년 19.1%에 불과했던 화장률이 2004년에는 49.2%로 증가했다. 2022년에는 이 비율이 91.7%에 달했다. 〈조선일보〉 2024.08.25 "화장장 1곳당 年 5600명…" (https://v.daum.net/v/20240825235516701) 검색 2024.08.30. 13:53.

39) 〈조선일보〉 2025.01.14 ""바다는 되지만 강은 안돼요" 뼛가루 뿌리는 산분장, 24일부터 가능" (https://v.daum.net/v/20250114221333901) 검색 2025.01.24. 12:28.

40) 〈머니투데이〉 2024.06.17 "…월 100만원 장례 준비…" (https://v.daum.net/v/20240617150008793) 검색 2024.08.30. 14:02.

41) 참고 〈오마이뉴스〉 2024.08.20 "당신의 장례식을 상상해 보세요…" (https://v.daum.net/v/20240820103302246) 검색 2024.08.28. 23:40.

42) 참고. 아폴로도로스, 『원전으로 읽는 그리스 신화』(고양: 숲, 2002) 3.12.4(트로이아 지방의 초기 신화), p. 254; 헤시오도스, 『신들의 계보』 (고양: 숲, 2012), 984 p. 92; 루이스 월퍼트, 『당신 참 좋아 보이네요!』, 152ff.

43) Robert W. Hill Jr., *Tennyson's Poetry*, New York: W.W. Norton Company, 1971, 71.

44) 이상 아르투어 쇼펜하우어, 『인생론』(고양: 예림미디어, 2007), 340.

45) 시몬 드 보부아르, 『노년』, 7.

46) 루이스 월퍼트, 『당신 참 좋아 보이네요!』, 20.

47) 루이스 월퍼트, 『당신 참 좋아 보이네요!』, 58ff.

48) 이하 〈한겨레〉 2011.01.28 "깜빡거리는 중년의 뇌가 더 똑똑하단다" (https://v.daum.net/v/20110128202036125) 검색 2025.01.07. 15:35.

49) 루이스 월퍼트, 『당신 참 좋아 보이네요!』, 62.

50) 루이스 월퍼트, 『당신 참 좋아 보이네요!』, 107.

51) 〈조선일보〉 2024.08.18 ""노화도 질병, 치료해 110세까지"…"(https://www.chosun.com/economy/weeklybiz/2024/08/15/JO75RMO4FRARPHUPUKMRQQ6HLI/) 검색 2024.08.21. 11:16.

52) 한국갤럽과 글로벌 조사 네트워크 WIN이 2023년 12월~2024년 2월 39개국 성인 3만 3866명에게 물은 결과임. 〈코데디닷컴〉 2024.07.19 "나는 언제 느낄까? 52~57세? "(https://v.daum.net/v/20240719143009751) 검색 2024.08.15. 16:07.

53) 조너선 실버타운, 『늙는다는 건 우주의 일』(파주: 서해문집, 2016), 6f.

54) 조너선 실버타운, 『늙는다는 건 우주의 일』, 130ff.

55) 루이스 월퍼트, 『당신 참 좋아 보이네요!』, 94. 스티븐 어스태드, 『인간은 왜 늙는가』(서울: 궁리, 2007), 103ff도 '종의 이익 이론', '생명 활동 속도 이론', '노화의 진화 이론' 중에서 제일 마지막 것을 가지고 노화의 원인을 설명한다.

56) 폴 투르니에, 『노년의 의미』(서울: 포이에마, 2016), 353.

57) 스티븐 어스태드, 『인간은 왜 늙는가』, 36f.

58) 정희원, 『느리게 나이드는 습관』(서울: 한빛라이프, 2023), 39ff.

59) 조엘드 로스네 외, 『노인으로 산다는 것』, 19f.

60) 스티븐 어스태드, 『인간은 왜 늙는가』, 227.

61) 조엘드 로스네 외, 『노인으로 산다는 것』, 30f.

62) 이하 조너선 실버타운, 『늙는다는 건 우주의 일』, 65f.

63) 참고로 훅런던클리닉 원장이자 유니버시티칼리지런던 내분비학 교

수인 피에르마크 불루는 노화의 위험률이라는 표현을 쓴다. 이 위험률이 곰퍼츠의 법칙과 유사하게 대략 8년마다 두 배씩 급증한다(필리프 다음, "'지침' 잘 따르면 120살까지 산다," 「이코노미 인사이트」 172(2024년 8월), 100); 참고 스티븐 어스태드, 『인간은 왜 늙는가』, 38.

64) 조너선 실버타운, 『늙는다는 건 우주의 일』, 59.

65) 〈한국경제〉 2016.07.01 "한국 세계 11위 장수국…" (https://v.daum. net/v/20160701171703407) 검색 2024.08.15. 22:19.

66) 아툴 가완디, 『어떻게 죽을 것인가』, 41.

67) 이하 졸저, 『한국의 위기, 대학의 위기』, 67.

68) 〈이데일리〉 2024.04.24 "WHO "백신으로 50년간 1억5000만 생명 구해…"" (https://v.daum.net/v/20240424225646999) 검색 2024.08.15. 22:06.

69) 출처 -mortality-rates/ 검색 2024.08.15. 21:54.

70) 조너선 실버타운, 『늙는다는 건 우주의 일』, 210.

71) 〈한국경제〉 2016.07.01 "한국 세계 11위 장수국…" (https://v.daum. net/v/20160701171703407) 검색 2024.08.15. 22:32.

72) 이하 조너선 실버타운, 『늙는다는 건 우주의 일』, 81ff. 실버타운은 25~35%라고 추정한다. 스티븐 어스태드(『인간은 왜 늙는가』, 86f)는 덴마크 쌍둥이 수백 쌍을 연구한 결과에 근거해 20~30%로 본다.

73) 조엘드 로스네 외, 『노인으로 산다는 것』, 22f.

74) 스티븐 어스태드, 『인간은 왜 늙는가』, 117f.

75) 루이스 월퍼트, 『당신 참 좋아 보이네요!』, 92f.

76) 조엘드 로스네 외, 『노인으로 산다는 것』, 24f.

77) 조엘드 로스네 외, 『노인으로 산다는 것』, 38.

78) 이하 스티븐 어스태드, 『인간은 왜 늙는가』, 207ff; 조엘드 로스네 외, 『노인으로 산다는 것』, 25.

79) 루이스 월퍼트, 『당신 참 좋아 보이네요!』, 88.

80) 이하 루이스 월퍼트, 『당신 참 좋아 보이네요!』, 89f.

81) 스티븐 어스태드, 『인간은 왜 늙는가』, 314.

82) 조엘드 로스네 외, 『노인으로 산다는 것』, 26ff.

83) 조엘드 로스네 외, 『노인으로 산다는 것』, 28f.

84) 루이스 월퍼트, 『당신 참 좋아 보이네요!』, 97. 한편 소식이 노화 속도를 늦춘다는 이론을 뒷받침해 줄 확실한 증거를 찾을 수 없다며 회의적인 입장을 취하는 학자도 있다. 스티븐 어스태드, 『인간은 왜 늙는가』, 287ff 참고.

85) 루이스 월퍼트, 『당신 참 좋아 보이네요!』, 89.

86) 루이스 월퍼트, 『당신 참 좋아 보이네요!』, 89f.

87) 이하 조엘드 로스네 외, 『노인으로 산다는 것』, 33f, 42.

88) 〈문화일보〉 2024.08.20 "117세 세계 최고령 '수퍼 할머니' 눈 감았다…"(https://www.munhwa.com/news/view.html?no=2024082001039910226002) 검색 2024.08.21. 10:35.

89) 〈BBC〉 2025.01.04. "World's oldest person Tomiko Itooka dies aged 116" (https://www.bbc.com/news/articles/c9830vpp2p0o) 검색 2025.01.07. 15:54. 〈동아일보〉 2025.01.04. "세계 최고령 日 효고현의 이토오카 토미코 씨 별세…향년 116세" (https://www.donga.com/news/Inter/article/all/20250104/130788113/1) 검색 2025.01.07. 15:59.

90) 〈현대경제연구원〉 2024. 07. 30. "현안과 과제. 세계 인구구조 분석 -UN의 '2024년 세계인구전망 보고서'를 중심으로" p. 5 (https://www. hri.co.kr/upload/board/2887055988_EirUO4hB_20240801070250.pdf) 검색 2025. 01. 07. 16:05.

91) 이하 〈조선일보〉 2024. 08. 18 ""노화도 질병, 치료해 110세 까지"…"(https://www.chosun.com/economy/weeklybiz/2024/08/15/ JO75RMO4FRARPHUPUKMRQQ6HLI/) 검색 2024. 08. 21. 10:57.

92) 스티븐 어스태드, 『인간은 왜 늙는가』, 204f.

93) 스티븐 어스태드, 『인간은 왜 늙는가』, 225ff.

94) 루이스 월퍼트, 『당신 참 좋아 보이네요!』, 37.

95) 스티븐 어스태드, 『인간은 왜 늙는가』, 41f.

96) 〈뉴시스〉 2023. 12. 28 "암환자 5년 생존율 72% '증가세'…" (https://v. daum.net/v/20231228120027575) 검색 2024. 10. 22. 16:22.

97) 〈디지털타임스〉 2024. 06. 11 "심장이 제 기능 못하는 심부전" (https://v.daum.net/v/20240611185144335) 검색 2024. 10. 22. 16:32.

98) 스티븐 어스태드, 『인간은 왜 늙는가』, 8f.

99) 스티븐 어스태드, 『인간은 왜 늙는가』, 48ff; 참고 조너선 실버타운, 『늙는다는 건 우주의 일』, 51f.

100) 〈조선일보〉 2022. 09. 30 "'세계 최고 장수촌' 간판 떨어졌다…" (https://v.daum.net/v/20220930032011746) 검색 2024. 10. 22. 21:09.

101) 이하 정희원, 『느리게 나이드는 습관』, 141f.

102) 2014~2018년 나라현에서 사망한 3만 4317명을 대상으로 분석.

103) 이상 〈조선일보〉 2024. 08. 18 ""노화도 질병, 치료해 110세

까지”…”(https://www.chosun.com/economy/weeklybiz/2024/08/15/ JO75RMO4FRARPHUPUKMRQQ6HLI/) 검색 2024. 08. 21. 10:57. 조엘드 로스네 외, 『노인으로 산다는 것』, p. 42에서는 120~140살.

104) 이하 필리프 다움, "유전자 영향 25%, 노력이 수명 결정," 「이코노 미 인사이트」 172(2024년 8월), 95ff.

105) 이하 필리프 다움, "유전자 영향 25%, 노력이 수명 결정," 「이코노 미 인사이트」 172(2024년 8월), 98.

106) 스티븐 어스태드, 『인간은 왜 늙는가』, 69.

107) 건강수명은 2024년, 기대수명은 2021년 기준. 〈세계일보〉 2024. 06. 20 "서울은 69.7세인데, 경남은 64.3세…건강수명 차 이 나는 이유는?" (https://v.daum.net/v/20240620115120842) 검색 2024. 08. 30. 21:37; 졸저, 『한국의 위기, 대학의 위기』, 67.

108) 스티븐 어스태드, 『인간은 왜 늙는가』, 287ff, 305.

109) 루이스 월퍼트, 『당신 참 좋아 보이네요!』, 109.

110) 이하 필리프 다움, "유전자 영향 25%, 노력이 수명 결정," 95ff.

111) 마리아네 코흐, 『나이 들어도 늙지 않기를 권하다』(서울: 동양북스, 2023), 89f.

112) 루이스 월퍼트, 『당신 참 좋아 보이네요!』, 50.

113) 조엘드 로스네 외, 『노인으로 산다는 것』, 62ff.

114) 스티븐 어스태드, 『인간은 왜 늙는가』, 117f.

115) 루이스 월퍼트, 『당신 참 좋아 보이네요!』, 40.

116) 필리프 다움, "'지침' 잘 따르면 120살까지 산다," 99f.

117) 마리아네 코흐, 『나이 들어도 늙지 않기를 권하다』, 97.

118) 피터 아티아 외,『질병 해방』(서울: 부키, 2024), 370.

119) 필리프 다웁, "근력운동·수면·인간관계 '보약'," 「이코노미 인사이트」 172(2024년 8월), 103.

120) 필리프 다웁, "근력운동·수면·인간관계 '보약'," 104.

121) 피터 아티아 외,『질병 해방』, 375.

122) 루이스 월퍼트,『당신 참 좋아 보이네요!』, 40.

123) 마리아네 코흐,『나이 들어도 늙지 않기를 권하다』, 94ff.

124) 마리아네 코흐,『나이 들어도 늙지 않기를 권하다』, 111ff.

125) 필리프 다웁, "'지침' 잘 따르면 120살까지 산다," 100.

126) 스티븐 어스태드,『인간은 왜 늙는가』, 309.

127) 루이스 월퍼트,『당신 참 좋아 보이네요!』, 33.

128) 피터 아티아 외,『질병 해방』, 365ff.

129) 피터 아티아 외,『질병 해방』, 407ff; 참고. 루이스 월퍼트,『당신 참 좋아 보이네요!』, 33.

130) 피터 아티아 외,『질병 해방』, 396, 402, 412f.

131) 〈문화일보〉 2013.12.26. "조선시대 평균 수명 35세 … 왕은 46세" (https://v.daum.net/v/20131226140106574) 검색 2925.01.08. 17:37.

132) 필리프 다웁, "'지침' 잘 따르면 120살까지 산다," 101.

133) 필리프 다웁, "근력운동·수면·인간관계 '보약'," 105.

134) 〈문화일보〉 2023.03.01. "96년 흡연하고도 122세까지 장수한 할머니의 비결 … "경제적 여유"" (https://munhwa.com/news/view.html?no=2023030101039910126002) 검색 2025.01.07. 16:23.

135) 필리프 다웁, "근력운동·수면·인간관계 '보약'," 106.

136) 〈조선일보〉 2024.8.30 "'세계적 암 전문의' 김의신 박사 "한국서 암 폭증하는 결정적인 이유는…"" (https://www.chosun.com/medical/2024/08/30/QPHFQFXTERES7DSUTOV3EO2UKI/) 검색 2024.08.30. 23:01.

137) 이하 조엘드 로스네 외, 『노인으로 산다는 것』, 48f. 참고로 스티븐 어스태드(『인간은 왜 늙는가』, 287ff)는 음식의 양을 제한하면 노화를 늦출 수 있다는 이론에 회의적이다.

138) 조엘드 로스네 외, 『노인으로 산다는 것』, 71.

139) 이하 김승호, 『돈의 속성』(파주: 스노우폭스, 2020), 216f.

140) 〈한국경제〉 2024.07.25 ""간헐적 단식·30kg 감량 … "" (https://www.hankyung.com/article/2024072448997) 검색 2024.08.26. 17:39.

141) 데이비드 몽고메리, 『흙. 문명이 앗아간 지구의 살갗』(서울: 삼천리, 2011), 46f.

142) 스티븐 어스태드. 『인간은 왜 늙는가』, 67; 참고 〈연합뉴스〉 2023.08.10 "구석기시대 사냥꾼 vs 나폴레옹군 병사, 누가 키 컸을까" (https://v.daum.net/v/20230810082116146) 검색 2024.10.23. 15:29.

143) 〈중앙일보〉 2015.04.13 "원시인 식단이란? … 식량이 부족했어도 지금보다 건강했던 구석기 시대 사람들 식단" (https://www.hankyung.com/article/20150413104610330) 검색 2024.10.23. 15:32; 참고 유튜브 2024.08.28 "정제 탄수화물과 가공식품 끊고 고기와 야채를 즐겨먹는 구석기 식단의 기적 … " 〈EBS 건강〉 검색 2024.10.23. 15:36.

144) 조엘드 로스네 외, 『노인으로 산다는 것』, 55ff.

145) 조엘드 로스네 외, 『노인으로 산다는 것』, 58f.

146) 조엘드 로스네 외, 『노인으로 산다는 것』, 53f.

147) 정희원, 『느리게 나이 드는 습관』, 117.

148) 참고 〈조선비즈〉 2024. 09. 18 "헬시 플레저와 설탕세 규제, 無칼로리·슈거·알코올 푸드 가속" (https://v.daum.net/v/20240918060032164) 검색 2024. 10. 23. 16:23.

149) 조엘드 로스네 외, 『노인으로 산다는 것』, 52f.

150) 루이스 월퍼트, 『당신 참 좋아 보이네요!』, 41.

151) 〈농민신문〉 2024. 10. 04 "'빵집' 줄서는 한국과 '쌀집' 줄서는 일본" (https://v.daum.net/v/20241004050203906) 검색 2024. 10. 23. 18:28.

152) 조엘드 로스네 외, 『노인으로 산다는 것』, 54.

153) 〈디지털타임스〉 2024. 10. 15 "당뇨와 심장병" (https://v.daum.net/v/20241015181608651) 검색 2024. 10. 25. 16:34.

154) 루이스 월퍼트, 『당신 참 좋아 보이네요!』, 41.

155) 이하 피터 아티아 외, 『질병 해방』, 176ff.

156) "How many calories do you burn runnina a marathon" 2023. 10. 14 (https://lavalettemarathon.com/how-many-calories-do-you-burn-running-a-marathon/) 검색 2024. 09. 06. 10:26.

157) 피터 아티아 외, 『질병 해방』, 175.

158) 이하 〈아시아경제〉 2024. 08. 15 "20년 젊어졌다" … 78살 의사가 권하는 7가지 음식" (https://v.daum.net/v/20240815160206569) 검색 2024. 08. 15. 16:22.

159) 〈한국경제〉 2024. 08. 30 "생선 먹으면 건강에 좋다더니" … 연

구 결과에 '깜짝'" (https://www.hankyung.com/article/202408307528i) 검색
2024.09.02. 23:05.

160) 과일, 야채에 들어있는 폴리페놀이 황산화 작용을 하며, 레드 와인
의 주 성분인 레스베라트롤도 노화를 늦춰주는 유용한 물질이다(조
엘드 로스네 외, 『노인으로 산다는 것』, 36f).

161) 〈뉴시스〉 2024.08.30 "요즘 제일 핫한 의사 … '저속노화 쌤' 아침
식사 공개" (https://www.newsis.com/view/NISX20240830_0002869261#_
PA) 검색 2024.09.02. 22:25.

162) 정희원, 『느리게 나이 드는 습관』, 143.

163) 정희원, 『느리게 나이 드는 습관』, 147f.

164) 이하 피터 아티아 외, 『질병 해방』, 209ff.

165) 피터 아티아 외, 『질병 해방』, 207ff.

166) 이하 피터 아티아 외, 『질병 해방』, 212ff.

167) 피터 아티아 외, 『질병 해방』, 225ff.

168) 피터 아티아 외, 『질병 해방』, 173, 230.

169) 피터 아티아 외, 『질병 해방』, 372.

170) 유튜브 2024.10.04 "재테크보다 근테크. 최고의 노화 예방법은 근
육 연금? 근감소증, 낙상 등 건강한 노후 준비 방법은 무쇠 근육"
〈EBS 지식채널e〉 검색 2024.10.23. 19:56.

171) 스티븐 어스태드. 『인간은 왜 늙는가』, 115f.

172) 참고 조너선 실버타운, 『늙는다는 건 우주의 일』, 41.

173) 〈오마이뉴스〉 2024.08.21 "난치병 향한 인류의 끝없는 도전, 암
과의 전쟁" (https://v.daum.net/v/20240821122402842) 검색 2024.08.21.

16:55.

174) 〈한국일보〉 2024. 07. 20 "'여성 암 1위' 유방암에서 자유로우
려면…"(https://v.daum.net/v/20240720071004591) 검색 2024. 08. 21.
17:05.

175) 이하 참고. 조너선 실버타운, 『늙는다는 건 우주의 일』, 28.

176) https://www.statista.com/statistics/1303709/population-growth-
comparison-historical/

177) https://www.worldometers.info/world-population/ (검색
2025.01.27)

178) 조너선 실버타운, 『늙는다는 건 우주의 일』, 137.

179) 플라톤, 『국가』 7권 540a (파주: 서광사, 2016), p. 501.

180) 아르투어 쇼펜하우어, 『인생론』, 338.

181) 재인용. 피델리스 루페르트, 『노년을 위한 마음 공부』, 9.

182) 조엘드 로스네 외, 『노인으로 산다는 것』, 8에서 재인용.

183) 키케로, 『노년에 관하여』(서울: 궁리, 2002), 10장 32, p. 59.

184) 샤를 오귀스탱 생트-뵈브. 파스칼 브뤼크네르, 『아직 오지 않은 날
들을 위하여』, 19에서 재인용.

185) 키케로, 『노년에 관하여』, 11장 34, p. 61.

186) 키케로, 『노년에 관하여』, 11장 38, p. 63.

187) 키케로, 『노년에 관하여』, 11장 36, p. 62.

188) 키케로, 『노년에 관하여』, 11장 36, p. 62f.

189) 〈한겨레.txt〉 2024. 11. 22. p. 3.

190) 루이스 월퍼트, 『당신 참 좋아 보이네요!』, 165f.

191) 〈Wikipedia〉"Self-portraits by Rembrandt" (https://en.wikipedia. org/wiki/Self-portraits_by_Rembrandt) 검색 2024. 10. 10. 11:14.

192) 참고. 헨리 나우웬 외, 『나이 든다는 것』, 110ff; 안셀름 그륀, 『황혼의 미학』(서울: 분도출판사, 2022.), 102ff.

193) 참고. 조엘드 로스네 외, 『노인으로 산다는 것』, 120.

194) 재인용. 폴 스티븐스, 『나이듦의 신학』, 101f.

195) 키케로, 『노년에 관하여』, 11장 36, p. 63.

196) 키케로, 『노년에 관하여』, 11장 35, p. 62.

197) 레프 N. 톨스토이, 『살아갈 날들을 위한 공부』(고양: 조화로운삶, 2014), 24f.

198) 참고. 파스칼 브뤼크네르, 『아직 오지 않은 날들을 위하여』, 37.

199) 시몬 드 보부아르, 『노년』(서울: 책세상, 2002), 105.

200) 이하 시몬 드 보부아르, 『노년』, 72, 82.

201) 키케로, 『노년에 관하여』, 3장 8, p. 28.

202) 조엘드 로스네 외, 『노인으로 산다는 것』, 138f.

203) 폴 투르니에, 『노년의 의미』, 358.

204) 이하 내용은 졸저, 『한국의 위기, 대학의 위기』, 65ff에서 가져오거나 그 내용을 많이 참고함.

205) 〈동아일보〉 2024. 03. 21 ""손해 봐도 미리 타자" 국민연금 조기 수급 급증" (https://v.daum.net/v/20240321235109996) 검색 2024. 09. 10. 20:09.

206) 〈시사저널〉 2023. 12. 22 "韓, OECD 중 노인빈곤율 1위 …" (https://v.daum.net/v/20231222110804666) 검색 2024. 09. 10. 20:18.

207) 〈아시아경제〉 2024.04.18 "늙은 대한민국, 노인예산 늘었지만 비중은 그대로" (https://v.daum.net/v/20240418070134452) 검색 2024.09.10. 20:32.

208) 이하 〈서울경제〉 2024.04.04 "'노인 기준' 70세로 올리면 재정부담 40% ↓ …" (https://v.daum.net/v/20240404174322075) 검색 2024.09.10. 20:35.

209) 이하 〈서울경제〉 2024.04.04 "'노인 기준' 70세로 올리면 재정부담 40% ↓ …" (https://v.daum.net/v/20240404174322075) 검색 2024.09.10. 21:12.

210) 물론 정년이 없는 미국에서도 일반적으로 65세를 은퇴연령으로 본다. 2024년부터 4년간 미국인 가운데 한해 410만 명 이상씩 은퇴연령에 도달하는데 그중 3명 중 2명이 은퇴저축을 거의 갖고 있지 않은 실정이다. 이들은 65세부터 의료비의 80%만 커버되는 메디케어 혜택과 67세부터 지급되는 사회보장연금(한달 평균 1900달러)으로 살아야 한다. 〈라디오코리아 뉴스〉 2024.04.18 "미국 시니어 사회 격변이 오고 있다…" (https://radiokorea.com/news/article.php?uid=442196) 검색 2024.09.10 21:31.

211) 루이스 월퍼트, 『당신 참 좋아 보이네요!』, 114.

212) 루이스 월퍼트, 『당신 참 좋아 보이네요!』, 114.

213) 이하 〈국민일보〉 2024.04.09 "초고령 사회! 건강이 자본이 되는 시대" (https://v.daum.net/v/20240409031013803) 검색 2024.09.10. 22:16.

214) 이하 〈파이낸셜뉴스〉 2024.07.01 "올해 2차 베이비부머 대규모

은퇴 시작 … "(https://www.fnnews.com/news/202407011123168060), 검색 2024.09.10. 22:53.

215) 이하 〈이데일리〉 2024.07.01 "70년대생도 은퇴, '베이비부머 그냥 보냈다간' … "(https://v.daum.net/v/20240701120042657) 검색 2024.09.10. 22:57.

216) 〈한국경제〉 2024.05.27 "'아껴서 자식 물려줘야죠'… 돈 안 쓰는 베이비부머들"(https://v.daum.net/v/20240527155503773) 검색 2024.09.10. 23:12.

217) 〈한국일보〉 2024.04.28 "'월 324만원 준비됐나요'… "(https://v.daum.net/v/20240428070003591) 검색 2024.09.11. 13:37.

218) 이 세 금융상품에 대해서는 본인의 유튜브 영상 "비트코인 vs 고배당주. 비트코인 급등 원인과 고배당주 열풍(IRP 계좌로 고배당주 모으기)" 2023.06.26 (https://youtu.be/TbagxbcnPpc), "개인연금 꿀팁. 연금저축펀드(배당주, S&P500, 나스닥100)" 2023.07.03 (https://youtu.be/rwpQ-nhhLLM), "개인연금 꿀팁 2(중계형 ISA: 고배당주 + 기술주 투자관점)" 2023.07.10 (https://youtu.be/SXjqAAOqVrU) 참고.

219) 이하 참고. 유튜브 2024.01.09 "복잡한 노후 생활비 마련 '이 2가지만 준비 하세요.'"〈조선일보 머니〉 검색 2024.09.11. 15:14.

220) 〈한겨레〉 2019.11.19 "연금이 답이다" (https://v.daum.net/v/20191112090605043) 검색 2024.09.11. 15:50.

221) 〈한국경제〉 2024.07.11 "'내가 죽으면 재산 90% 美 주식에 … '" (https://v.daum.net/v/20240711073101149) 검색 2024.09.11. 16:29.

222) 〈연합뉴스〉 2024.05.28 "워런 비핏을 따라 하고 싶다면 …

S&P500 추종 ETF 사면 돼"(https://v.daum.net/v/20240528100904008)
검색 2024.09.11. 16:35.

223) 〈조선일보〉 2024.07.11 "'버핏 투자법' 따라하고 싶다고? … "
(https://v.daum.net/v/20240528100904008) 검색 2024.09.11. 16:59.

224) 〈세계일보〉 2024.09.10 "부모·자녀 부양에 … 노후준비 '무방비'"
(https://v.daum.net/v/20240910060352472) 검색 2024.09.11. 20:21.

225) 이하 〈조선일보〉 2023.07.07 "퇴직 후 매달 198만원 꽂히면 중
산층 …"(https://v.daum.net/v/20230707070021217) 검색 2024.09.11.
20:43.

226) 〈SBS〉2024.08.25 ""내 집에서 계속 살겠다"가 쉽지 않은 그들 …
"(https://v.daum.net/v/20240825090312683) 검색 2024.09.13. 16:16.

227) 아툴 가완디 외,『어떻게 죽을 것인가』, 42f.

228) 이하 조지프 F. 코글린,『노인을 위한 시장은 없다』(서울: 부키, 2019),
203ff.

229) 〈SBS〉2024.08.25 ""내 집에서 계속 살겠다"가 쉽지 않은 그들 … "
(https://v.daum.net/v/20240825090312683) 검색 2024.09.13. 16:46.

230) 〈조선일보〉 2024.05.23 "서울시민 10명 중 6명 "골드시티 이주 의
향""(https://v.daum.net/v/20240523051318165) 검색 2024.09.12. 15:17.

231) 〈한국경제〉2024.03.28 ""美 선시티처럼, 한국형 은퇴자 마을 만드
는 게 목표""(https://v.daum.net/v/20240328185406890) 검색 2024.09.12.
15:22. 참고. 〈강원도민일보〉2024.08.28 "강원연고 여야의원 은
퇴자도시 조성 '맞손'"(https://v.daum.net/v/20240827174231666) 검색
2024.09.12. 15:26.

232) 이하 문성택/유영란, 『실버타운 올가이드』(서울: 한국경제신문, 2022), 10f.

233) 문성택/유영란, 『실버타운 올가이드』, 13.

234) 문성택/유영란, 『실버타운 올가이드』, 38f. 이하 내용은 앞의 책을 참고함.

235) '더시그넘하우스'는 2022년부터 입주 나이 제한을 85세에서 89세로 낮췄다. 젊은 시니어 위주로 구성하여 활기찬 분위기를 만들려는 운영자 측의 의도가 엿보인다.

236) 유튜브 "고급 실버타운은 지옥이었다! 70대 부부이 마지막 선택" 〈원더풀 인생후반전〉 2024.03.27 (https://www.youtube.com/watch?v=AeMaaTbWeXo) 검색 2024.09.16. 11:16.

237) 참고. 유튜브 "2024년에 만들어지는 최신축 실버타운 8곳 총정리! … " 〈공빠TV〉 2024.02.20 (https://www.youtube.com/watch?v=AeMaaTbWeXo) 검색 2024.09.16. 15:06. 실버타운에 대한 정보를 얻기 위하는 사람에게 유튜브 채널 〈공빠TV〉를 추천한다.

238) 이하 〈중앙일보〉 2024.09.14 "1000만 노인시대, 시니어케어 뛰어든 생보사들" (https://www.joongang.co.kr/article/25278031) 검색 2024.09.16. 11:38.

239) 문성택/유영란, 『실버타운 올가이드』, 15.

240) 〈중앙일보〉 2024.07.23 "건물 땅 빌려 실버타운 운영 허용 … '분양형'도 부활한다" (https://v.daum.net/v/20240723080006397) 검색 2024.09.16. 12:33.

241) 유튜브 "솔직히 좀 …' 실버타운 단점! 까놓고 말하면 … "〈공빠 TV〉 2024.09.10 (https://www.youtube.com/watch?v=AeMaaTbWeXo) 검색 2024.09.16. 14:59.

242) 참고. 〈헤럴드경제〉 2024.09.14 ""시니어주택은 부자만 산다고?" … 모든 부모의 집으로 커진다" (https://v.daum.net/v/20240914124843750) 검색 2024.09.15. 23:19.

243) 아툴 가완디, 『어떻게 죽을 것인가』, 104ff, 115.

244) 아툴 가완디, 『어떻게 죽을 것인가』, 114, 116.

245) 아툴 가완디, 『어떻게 죽을 것인가』, 117f.

246) 이하 〈한국경제〉 2024.09.12 ""월 80만원 내면 걱정 끝" … 노인들 수 십명 줄 섰다는 이곳" (https://v.daum.net/v/20240912070106368) 검색 2024.09.12. 16:45.

247) 아툴 가완디, 『어떻게 죽을 것인가』, 16.

248) 〈한겨레21〉 2024.08.05 ""병원엔 절대 안 간다" 임종 앞둔 어르신의 마지막 의지" (https://v.daum.net/v/20240805142302691) 검색 2024.08.13. 16:44.

249) 아툴 가완디, 『어떻게 죽을 것인가』, 100.

250) 이하 2024.05.14 〈EBS 다큐프라임〉 "내 마지막 집은 어디인가 2부 집에서 죽겠습니다", 유튜브 "'우리나라의 미래가 될 수도 있다' 초고령화 사회를 먼저 맞이한 일본에서 나온 충격적인 주장" 〈EBSDocumentary〉 (https://www.youtube.com/watch?v=up4UxPMWa-mA) 검색 2024.09.16. 17:57.

251) 아툴 가완디, 『어떻게 죽을 것인가』, 43.

252) 〈조선일보〉 2024.09.13 "1인 가구 폭증세에 … 국내 가구수 정
    점 '2039→2041년'" (https://v.daum.net/v/20240913003518171) 검색
    2024.09.16. 16:25.

253) 아툴 가완디, 『어떻게 죽을 것인가』, 44.

254) 아툴 가완디, 『어떻게 죽을 것인가』, 33.

255) 유튜브 〈SBS뉴스〉 2019.10.27 "살던 집에서 '맞춤 서비
    스' … 노인복지, 스웨덴에 답이 있다"(https://www.youtube.com/
    watch?v=JreTlz7EQFI) 검색 2024.09.20. 13:21.

256) 이하 유튜브 〈KBS 다큐〉 2023.07.23 "내 집에서 맞는 건강하고
    행복한 노후란? 365일 24시간 스마트 돌봄"(https://www.youtube.com/
    watch?v=jZ1126HXyNM) 검색 2024.09.20. 13:07.

257) 이하 유튜브 〈KBS다큐〉 2024.06.03 "이젠 모든 세대가 공존하는
    도시가 돼야 한다! 미국, 유럽에서 새로운 공동체 모델로 떠오르
    고 있는 고령친화도시 Age-Friendly City!"(https://www.youtube.com/
    watch?v=tolvZM9AJ6g&t=2625s) 검색 2024.09.20. 16:20.

258) 참고 구글 "New York city population 2015" 검색 2025.01.27.
    21:08.

259) 이하 유튜브 〈KBS다큐〉 2024.05.29 "고령화시대 실버 시장을 선
    점하라! 고령화는 위기가 아닌 변화! …"(https://www.youtube.com/
    watch?v=2UN278K1-a0) 검색 2024.09.20. 15:19.

260) 이하 유튜브 〈KBS다큐〉 2024.06.03 "이젠 모든 세대가 공존하는 도
    시가 돼야 한다!"(https://www.youtube.com/watch?v=tolvZM9AJ6g&t=2625s)
    검색 2024.09.20. 16:47.

261) 이하 유튜브 〈KBS 다큐〉 2023.07.23 "내 집에서 맞는 건강하고
행복한 노후란? 365일 24시간 스마트 돌봄" (https://www.youtube.com/
watch?v=jZ1126HXyNM) 검색 2024.09.20. 16:51.

262) 조지프 F. 코글린, 『노인을 위한 시장은 없다』, 17ff.

263) 〈머니투데이〉 2024.06.11 "돈은 베이비부머 세대에 있다 … "
(https://v.daum.net/v/20240611163141768) 검색 2024.09.16. 21:42.

264) 이상 〈조선비즈〉 2024.09.04 "'나를 위해 돈 쓴다' … 5060
액티브 시니어 소비층 공략하는 유통업계" (https://v.daum.
net/v/20240904060123412) 검색 2024.09.23. 18:43.

265) 〈국민일보〉 2024.09.19 "재계서도 뜨거운 감자 '정년 연장' … 세
대 갈등 격화 조짐도" (https://v.daum.net/v/20240919060922203) 검색
2024.09.23. 20:29.

266) 〈매일경제〉 2024.09.04 ""어떻게 세운 나라인데" … 산업·민주·선
진화세대 갈등 심각…" (https://v.daum.net/v/20240904125101567) 검색
2024.09.23. 20:22.

267) 파스칼 브뤼크네르, 『아직 오지 않은 날들을 위하여』, 301.

268) 키케로, 『노년에 관하여』, 6장 17, p. 40.

269) 채상욱/ 김정훈, 『피크아웃 코리아』(서울: 커넥티드그라운드, 2024),
19f, 123f; 유튜브 〈언더스탠딩: 세상의 모든 지식〉 2024.05.26
"(1부) 서울 아파트 가격도 무너질 겁니다" (https://www.youtube.com/
watch?v=l7Tcd-0NIRY) 검색 2024.09.24. 16:02.

270) 참고. 아르투어 쇼펜하우어, 『인생론』, 328.

271) 참고. 조엘드 로스네 외, 『노인으로 산다는 것』, 13f, 15.

272) 요한 볼프강 폰 괴테, 『파우스트』(서울: 을유문화사, 2017), 315, p. 26.

273) 참고. Placidus Berger, *Ars Moriendi*. Die Kunst des Lebens und des Sterbens(Münsterschwarzach: Vier-Türme-Verlag, 2010), 7.

274) 참고. 유튜브 〈KBS 다큐〉 2023.10.27 "생명을 가진 사람이라면 누구에게나 찾아오는 마지막 순간 '죽음' 이들이 말하는 죽음은 무엇인가?" (https://www.youtube.com/watch?v=aaXVHf0hP6k) 검색 2024.10.01. 9:51.

275) 플라톤, 『국가』 10권 614b-621d, pp. 652ff.

276) 〈위키백과〉 "임사 체험" (https://ko.wikipedia.org/wiki/%EC%9F%84%EC%82%AC_%EC%B2%B4%ED%97%98) 검색 2024.09.24. 17:53.

277) 재인용. 조너선 실버타운, 『늙는다는 건 우주의 일』, 125f.

278) 조엘드 로스네 외, 『노인으로 산다는 것』, 18.

279) 볼프 에를브루흐, 『커다란 질문』(서울: 베틀북, 2004). 참고 이하 유튜브 〈KBS 다큐〉 2023.09.05 "'죽음'에 대해 생각해 본 적이 있는가? … " (https://www.youtube.com/watch?v=JcY-Hkz_ZNQ) 검색 2024.09.25. 20:56.

280) 〈조선일보〉 2024.08.15 ""노화도 질병, 치료해 110세까지" … 수퍼센터네리언 시대 온다" (https://v.daum.net/v/20240815172550803) 검색 2024.09.26. 15:57.

281) 조엘드 로스네 외, 『노인으로 산다는 것』, 18.

282) 루이스 월퍼트, 『당신 참 좋아 보이네요!』, 184f.

283) 파스칼 브뤼크네르, 『아직 오지 않은 날들을 위하여』, 31.

284) 표도르 도스토옙스키, 『지하생활자의 수기』(서울: 문예출판사 2023),

285) 레프 N. 톨스토이, 『살아갈 날들을 위한 공부』, 108f.

286) 참고. 송영길, 『시대예보: 핵개인의 시대』(파주: 교보문고, 2023).

287) 레프 N. 톨스토이, 『이반 일리치의 죽음』, 42.

288) 레프 N. 톨스토이, 『이반 일리치의 죽음』, 67.

289) 레프 N. 톨스토이, 『이반 일리치의 죽음』, 103.

290) 레프 N. 톨스토이, 『이반 일리치의 죽음』, 109.

291) 레프 N. 톨스토이, 『이반 일리치의 죽음』, 24.

292) 〈한국경제〉 2024.05.30 ""세계 최장수國 반열 오른 한국 … 건강 수명도 늘려야"(https://www.hankyung.com/article/2024053050761) 검색 2024.09.27. 12:11.

293) 이하 레프 N. 톨스토이, 『이반 일리치의 죽음』, 97f.

294) 참고. 이청준, 『축제』(서울: 열린원, 1996), 271.

295) 상여 나가기 전날 밤, 초경(밤 7시~9시)에서 오경(새벽 3시~5시)까지 밤을 새워야 망자의 저승길이 편하다고 해서, 상여 소리꾼과 상여 맬 사람들이 소리를 맞추며 밤을 샘.

296) 장지에서 돌아오는 즉시 드리는 첫 제사.

297) 선대들의 혼백과 신주를 모시는 곳, 조용한 방에 또는 대청마루 한 편에 설치함.

298) 이청준, 『축제』, 280f에서 가져옴.

299) Placidus Berger, *Ars Moriendi*, 35.

300) 이청준, 『축제』, 271, 290f.

301) 참고. 본서 1장, 나이 듦 1. 고령화 현상.

302) 정윤수, "죽음마저 짐이 되는 사회," 「녹색평론」 131(2013년 7-8월), 115.

303) 아툴 가완디, 『어떻게 죽을 것인가』, 94.

304) 참고. 현기영, "메멘토 모리," 「녹색평론」 119(2011년 7-8월), 117.

305) 〈JTBC〉 2024.01.24. ""이젠 잘 죽는 게 중요해" … 남은 삶, 더 잘 살기 위한 '임종체험'" (https://v.daum.net/v/20240124204443556) 검색 2024.09.27. 16:07.

306) 키케로, 『노년에 관하여』, 20장 74, p. 108.

307) 레프 N. 톨스토이, 『살아갈 날들을 위한 공부』, 26.

308) 참고. Wikipedia, "Medicare(United States)" https://en.wikipedia.org/wiki/Medicare_(United_States) 검색 2024.12.18. 21:40.

309) 아툴 가완디, 『어떻게 죽을 것인가』, 237.

310) 아툴 가완디, 『어떻게 죽을 것인가』, 239f.

311) 아툴 가완디, 『어떻게 죽을 것인가』, 240.

312) 이하 유튜브 〈KBS 다큐〉 2023.09.05 "'죽음'에 대해 생각해 본 적이 있는가?…" (https://www.youtube.com/watch?v=JcY-Hkz_ZNQ) 검색 2024.09.27. 16:44.

313) 이에 대해서는 다음 장(3장 죽음, 3. 존엄한 최후)에서 자세히 다룬다. 참고 아툴 가완디, 『어떻게 죽을 것인가』, 242; 참고 정윤수, "죽음마저 짐이 되는 사회," 121.

314) 마르쿠스 아우렐리우스, 『명상록』(서울: 성우, 1991), 3권 3, p. 53.

315) 키케로, 『노년에 관하여』, 19장 71, p. 105.

316) 레프 N. 톨스토이, 『살아갈 날들을 위한 공부』, 26.

317) 〈서울신문〉 2009. 12. 22 "존엄사 법제화 사실상 '사망선고'" (https://v.daum.net/v/20091222031655969) 검색 2024. 09. 27. 17:55.

318) 아툴 가완디,『어떻게 죽을 것인가』, 240f.

319) 아툴 가완디,『어떻게 죽을 것인가』, 14f.

320) 아툴 가완디,『어떻게 죽을 것인가』, 356ff.

321) 아툴 가완디,『어떻게 죽을 것인가』, 358f.

322) 아툴 가완디,『어떻게 죽을 것인가』, 331.

323) 레프 N. 톨스토이,『이반 일리치의 죽음』(서울: 신원문화사, 2007), 78.

324) 정윤수, "죽음마저 짐이 되는 사회," 121.

325) 아툴 가완디,『어떻게 죽을 것인가』, 244.

326) 아툴 가완디,『어떻게 죽을 것인가』, 248.

327) 참고. 아툴 가완디,『어떻게 죽을 것인가』, 248ff, 342ff.

328) 〈오마이뉴스〉 2024. 08. 28 "생의 마지막 시간, 호스피스 병동의 유일한 목표" (https://v.daum.net/v/20240828113000992) 검색 2024. 09. 27. 20:48.

329) 〈아시아경제〉 2024. 09. 25 "국민 10명 중 8명 조력 존엄사 '찬성' … 사회적 합의는 지지부진" (https://v.daum.net/v/20240925070314906) 검색 2024. 09. 27. 18:27.

330) 헬렌 니어링,『아름다운 삶, 사랑 그리고 마무리』(파주: 보리, 2014), 22ff; 스콧 니어링,『스콧 니어링 자서전』(서울: 실천문학사, 2000).

331) 헬렌 니어링,『아름다운 삶, 사랑 그리고 마무리』, 208.

332) 헬렌 니어링,『아름다운 삶, 사랑 그리고 마무리』, 229.

333) 시몬 드 보부아르,『노년』, 75f; 참고 유튜브 〈주말의 명화〉 "

처음 보면 개막장인데…" 2024.07.14 (https://www.youtube.com/watch?v=CtJt6ri8rlc) 검색 2024.10.01. 14:28.

334) 〈서울신문〉 2023.07.09 "'스위스 조력사망' 한국인 10명 … 아시아에서 가입자 가장 많아" (https://v.daum.net/v/20230709175101778) 검색 2024.09.30. 22:07. 참고 남유하, 『오늘이 내일이면 좋겠다』(파주: 사계절, 2025). 10년 전 받은 유방암 수술이 재발되었을 뿐 아니라 신체 다른 부위로 전이되어 극심한 고통을 겪는 어머니를 모시고 외국인을 위한 조력 사망 제도가 있는 스위스로 가기로 어려운 결단을 내린 전후 과정을 작가가 눈물로 전하는 내용. 책 제목에는 하루라도 빨리 고통을 끝냈으면 좋겠다는 뜻이 담겨있다.

335) 〈한겨레〉 2024.09.25 "'단추 누르면 5분 내 사망' … 안락사 캡슐, 60대 여성 숨져" (https://v.daum.net/v/20240925144519091) 검색 2024.09.30. 20:33.

336) 유튜브 〈KBS 다큐〉 2023.09.05 "'죽음'에 대해 생각해 본 적이 있는가?…" (https://www.youtube.com/watch?v=JcY-Hkz_ZNQ) 검색 2024.09.30. 21:35.

337) 파스칼 브뤼크네르, 『아직 오지 않은 날들을 위하여』, 201f.

338) 참고. 헨리 나우웬 외, 『나이 든다는 것』(서울: 포이에마, 2017), 35ff.

339) 시몬 드 보부아르, 『노년』, 759.

340) 시몬 드 보부아르, 『노년』, 755.

341) 참고. 안셀름 그륀, 『황혼의 미학』, 23ff.

342) 참고. 졸저, 『예루살렘에서 땅끝까지』(광주: 서울장신대학교 출판부, 2014), 65.

343) 참고. 헨리 나우웬 외,『나이 든다는 것』, 80.

344) 필리프 다움, "근력운동·수면·인간관계 '보약'," 106.

345) 사도행전도 누가가 썼다.

346) 참고. 폴 스티븐스,『나이듦의 신학』, 18f.

347) 폴 스티븐스,『나이듦의 신학』, 69.

348) 〈서울경제〉 2024.10.04 "시니어, 더 이상 물러나 숨지(隱退) 않고 타이어 바꾸고(re-tire) 다시 살려야"(https://v.daum.net/v/20241004120020616) 검색 2024.10.11. 18:46.

349) 〈한국일보〉 2024.09.01 "'초고령사회'보다 '생애확장사회'라고 하면 어떨까요." (https://v.daum.net/v/20240901070334657) 검색 2024.10.11. 19:15.

350) 참고. 안셀름 그륀,『황혼의 미학』, 19.

351) 참고. 아툴 가완디,『어떻게 죽을 것인가』, 44, 203.

352) 안셀름 그륀,『황혼의 미학』, 57.

353) 아르투어 쇼펜하우어,『인생론』, 357.

354) 〈대전일보〉 2023.05.22 "귀명창과 음치탈출법" (https://v.daum.net/v/20230522070512819) 검색 2024.10.10. 15:10.

355) 마르쿠스 아우렐리우스,『명상록』4권 48, p. 80; 루이스 월퍼트,『당신 참 좋아 보이네요!』, 185에서 인용.

356) 시몬 드 보부아르,『노년』, 21.

357) 재인용. 파스칼 브뤼크네르,『아직 오지 않은 날들을 위하여』, 34.

358) 아르투어 쇼펜하우어,『인생론』, 220f.

359) 아르투어 쇼펜하우어,『인생론』, 224.

360) 아르투어 쇼펜하우어,『인생론』, 231.

361) 아르투어 쇼펜하우어,『인생론』, 349.

362) 재인용. 파스칼 브뤼크네르,『아직 오지 않은 날들을 위하여』, 45.

363) 필리스 체슬러,『여자의 적은 여자다』(서울: 부글북스, 2009).

364) 재인용. 헨리 나우웬 외,『나이 든다는 것』, 159ff.

365) 참고. 아르투어 쇼펜하우어,『인생론』, 339f.

366) 아르투어 쇼펜하우어,『인생론』, 347f.

367) 재인용. 폴 스티븐스,『나이듦의 신학』, 67.

368) 안셀름 그륀,『황혼의 미학』, 183.

369) 유재덕,『성경시대 사람들은 어떻게 살았을까』(서울: 작은행복, 1999),
    164f.

370) 재인용. 안셀름 그륀,『황혼의 미학』, 171f.

371) 〈한겨레〉 2024.02.18 "75살의 조력사 … 누가 '존엄한 죽음'을 이야
    기하는가," (https://v.daum.net/v/20240218090503402) 검색 2025.01.13
    21:03. 참고. 유튜브 〈기묘한 케이지〉 2024.02.08. "전 세계를 충
    격에 빠트린 일본의 '어두운 단면'을 가장 리얼하게 묘사한 걸작"
    (https://www.youtube.com/watch?v=YwRCW-k8D7E) 검색 2025.01.13.
    22:45.

372) 〈뉴데일리〉 2025.01.10 "정부, 노인 기준 65→75세로 상향 추
    진…연금개혁은 상반기 내 완수," (https://biz.newdaily.co.kr/site/data/
    html/2025/01/10/2025011000259.html) 검색 2025.01.13 19:53.

373) 〈JIBS〉 2025.01.20 "기초연금, 65살에서 70살 로?.. 그래서 연간 6
    조 절감하면, 그 대가는?" (https://v.daum.net/v/20250120112123380) 검

색 2025.01.22 15:12.

374) 〈조선일보〉 2025.01.16 "평균 금융자산 1억인데 … "결혼할 때 2억, 노후엔 9억 필요"(https://www.chosun.com/economy/market_trend/2025/01/15/B7JEKS543ZBOFINP24DBLTEFVI/) 검색 2025.01.22 15:33. 〈파이낸셜뉴스〉 2025.01.15 ""우리 부부 노후 19억은 있어야" … 그런데 지금 자산은 6억7000만원"(https://v.daum.net/v/20250115152646406) 검색 2025.01.22 15:35.

375) 〈뉴시스〉 2024.11.02 ""고령사회는 새로운 기회" … '실버산업'눈 돌리는 기업들,"(https://v.daum.net/v/20241102140106825) 검색 2024.12.20 16:52.

376) 이하 Jörg Zink, *Die Stille der Zeit. Gedanken zum Älterwerden* (Gütersloh: Gütersloher Verlagshaus, 72021), 20. 참고. 피델리스 루페르트, 『노년을 위한 마음 공부』, 152f.

377) 제인 플레처 제니스, 『정열의 방랑자 프레야 스타크』(고양: 달과소, 2005), 18, 25, 167. 참고. 졸저, 『바울과 함께 걷는 지중해 성지순례』(서울: 대한기독교서회, 2020), 6f.

378) 제인 플레처 제니스, 『정열의 방랑자 프레야 스타크』, 17ff, 45, 49.

379) 안셀름 그륀, 『황혼의 미학』, 62f에 인용.

380) 마르쿠스 아우렐리우스, 『명상록』 2권 11, p. 45f.

381) 재인용. 루이스 월퍼트, 『당신 참 좋아 보이네요!』, 199f.